DVD付き

もっと
スゴイ!

大人のラジオ体操

決定版

中村格子 著

整形外科医・医学博士・スポーツドクター

講談社

はじめに

前作『実はスゴイ！　大人のラジオ体操』では、多くの方から「改めてラジオ体操のよさを再認識した」、あるいは学校や医療施設で「新たに取り入れた」という大変嬉しい声をいただきました。

しかし、そのなかには、「なぜラジオ体操第1しか入っていないのか？」「次回はラジオ体操第2も入れてほしい」というご要望もたくさんいただきました。

「なぜ前作は『第1』だけだったのか？」というのには実は理由があります。

それは、「ラジオ体操第1」がとてもすばらしいから、というだけではないのです。

実は、「ラジオ体操第２」はラジオ体操第1が制定された翌年に要望に応える形で、青壮年を中心に職場で行うために作られた体操であるため、第1よりも大きな動きが多く、少しハードで複雑な体操なのです。ですので、愛好家の多い高齢者の方々や体力に自信のない若い女性たちがラジオ体操第2をきちんと行えるかが心配でした。

そこで今回は、製作にあたり、長年ラジオ体操の普及活動に携わられ、ラジオ体操を熟知されているＮＰＯ法人全国ラジオ体操連盟の青山敏彦先生のご協力を得て「ラジオ体操第2」を正しく、そして誰でも楽しく安心してできるように動きの解説の工夫をしました。

もちろん、第1と同様に、きちんと行うことでさらに姿勢を保つ筋肉などが刺激され、凛とした大人の体の美しさを引き出してくれることは言うまでもありません。私自身も、ラジオ体操は40歳を過ぎてから改めて再開しましたが、続けるほどに体が引き締まり、しかも必要な筋肉はしっかりと保たれて、心身ともに若々しく健康的な体になっていくことを実感しています。

ところで、第1と第2が似ていて、どちらがどんな運動だったのか忘れてしまう、という方が多いようです。そこで、第1と比較しながら第2を説明するという工夫をしてみました。また、少し日本の体操の歴史にも踏み込んでみました。動きの大きさや速さの違いを比較するのも楽しいですし、歴史の深さを知ると、より体操への理解が深まることでしょう。ぜひご自身の体調や体力に合わせて取り組んでみてください。

前作の発売後、テレビや雑誌などのメディアで多く取り上げていただき、まさに日本中が「第2次ラジオ体操ブーム」を迎えたかのようでした。しかし、これがブームに終わらずに、今までも、そしてこれからもみなさんに長く愛され続け、さらなる国民全体の健康増進につながることを願っています。

Contents

本書とDVDの使い方

DVDメニュー画面

全部を通して見る

ＤＶＤの収録内容を、最初から最後まで通しで見ることができます。

第1・第2の流れ

ラジオ体操第１と第２が通しで収録されています。

第1・第2のポイント解説

ラジオ体操第１・第２のそれぞれの運動の目的や、正しい動き、やりがちなＮＧポイントを詳しく解説しています。

呼吸法とストレッチ

姿勢を美しくする２つの呼吸法と、しなやかな体を作るのに有効なストレッチが収録されています。

本書のDVDマークがついているページと合わせてご覧ください。

必ずお読みください

- 本書は、健康な成人を対象に作製をしています。
  エクササイズの途中で体調が悪くなったり、痛みが生じた場合は、一旦中止して専門医にご相談ください。
- 体調に不安のある方や、持病がある方は、必ず医師の許可を得てからエクササイズを行ってください。
- 視聴しながら行いやすいように、DVD では左右逆に行っています。

DVD-Videoについての注意事項

◎DVDは赤いリボンから開封して取り出してください。台紙ごと取り外さないでください。
◎DVD-Videoとは、映像と音声を高密度に記録したディスクです。DVD-Video対応プレーヤーで再生してください。DVDドライブ付きPCやゲーム機などの一部の機種で、再生できない場合があります。
◎再生上の詳しい取り扱いには、ご使用になるプレーヤーの取扱説明書をご覧ください。
◎このディスクは特定の国や地域でのみ再生できるように作製されています。したがって、販売対象として表示されている国や地域以外で使用することはできません。各種機能についての操作方法は、お手持ちのプレーヤーの取扱説明書をご覧ください。
◎このタイトルは、１６：９画面サイズで収録されています。
◎このディスクは家庭内観賞用にのみご使用ください。このディスクに収録されているものの一部でも無断で複製（異なるテレビジョン方式を含む）・改変・転売・転貸・上映・放送（有線・無線）することは厳に禁止されており、違反した場合、民事上の制裁および刑事罰の対象となることもあります。

87min.	片面一層	COLOR	MPEG2	複製不能

16:9　2　NTSC 日本市場向け

取り扱い上のご注意

◎ディスクは両面とも、指紋、汚れ、傷などをつけないように取り扱ってください。また、ディスクに対して大きな負荷がかかると微小な反りが生じ、データの読み取りに支障をきたす場合もありますのでご注意ください。
◎ディスクが汚れたときは、メガネふきのような柔らかい布を軽く水で湿らせ、内側から外側に向かって放射状に軽くふき取ってください。レコード用クリーナーや溶剤などは使用しないでください。
◎ディスクは両面とも、鉛筆、ボールペン、油性ペンなどで文字や絵を書いたり、シールなどを貼付しないでください。
◎ひび割れや変形、または接着剤などで補修されたディスクは、危険ですから絶対に使用しないでください。また、静電気防止剤やスプレーなどの使用は、ひび割れの原因となることがあります。

保管上のご注意

◎使用後は、必ずプレーヤーから取り出し、付属のシートに収めて、直射日光の当たる場所や自動車の中など高温多湿の場所は避けて保管してください。

視聴の際のご注意

◎明るい場所で、なるべくテレビ画面より離れてご覧ください。長時間続けての視聴は避け、適度に休憩をとってください。

Chapter I

絶大な支持を受けるラジオ体操の魅力

なぜラジオ体操が開始から80年以上たった今も
これほどの支持を受けているのか?
それは、続けることで健康で疲れにくく、
心身ともに美しくなり、人生までをも
豊かにする魅力にあります。

ラジオ体操第1・第2はこんな体操だった！

真実は変わらない　～健康は幸福の母～

ラジオ体操の起源は約85年前に遡ります。まだ保健衛生に対する意識が低く、結核や伝染病で命を落とす人も多かった時代に、福祉の増進と国民の経済生活の安定をはかることを目的として、逓信省簡易保険局（現在のかんぽ生命）が主体となり、生命保険会社協会、日本放送協会の三者が体操の考案委員選考を文部省に委嘱。１９２８年（昭和３年）に昭和天皇の[※1]御大典記念事業の一環としてＮＨＫのラジオ放送により、「国民保健体操」として開始されました。これが初代ラジオ体操で「いつでも」「どこでも」「誰でも」できるもの、という基本理念に基づき作成されました。ここに興味深いエピソードがあるのでご紹介しましょう。昭和初期の当時のラジオ体操普及のパンフレットにこんな文言が書いてあったそうです[※2]。

『昔から「健康は幸福の母」といわれるように、健康であって初めて人生の幸福を愉しむことができます。近代物質文明が急速に発展し生活は便利になりましたが、その一方で身体を使う作業範囲が減り不健康になります。（中略）それには適度な運動法で健康を維持する努力が必要です』

そしてこう続いています。

『だからといって余裕のない日常の中では、運動に多くの時間は割けないので短時間でできるものを、また特別な設備や技術のいらないものでないと奨められません』

85年前といえば、テレビも洗濯機も掃除機もなかった時代ですが、まさに現代にも通じる文章が書かれていたのです。時間もお金も道具もいらない体操が、健康のために続けるうえで最も強みのある運動であることは、今も昔も変わることのない真実です。

ラジオ体操の復活そして大ブーム

第二次世界大戦後、初代ラジオ体操はＧＨＱにより廃止されました。戦後すぐ（昭和21年）に２代目ラジオ体操が放送されましたが、時期的な問題もあり浸透せず中止となりました。しかし物質的にも精神的にもゆとりの出てきた昭和25年に「国民の60%がラジオ体操の復活を望む」という世論調査に後押しされる形で、簡易保険局、ＮＨＫ、文部省関係者が参集し25名の制定委員と10名の専門委員により１９５１年(昭和26年）に「いつでも、どこでも、誰でもできるもの」の精神を受け継いで現行の新ラジオ体操第１が制定されました。当時またたく間に大ブームとなり、翌年の１９５２年（昭和27年）には要望の出ていた「職場の人々」を対象とした「ラジオ体操第２」が制定、放送が開始され、今なお多くの国民から愛され続けています。

※1 天皇の即位式のこと

※2『新しい朝が来た　ラジオ体操50年の歩み』 財団法人簡易保険加入者協会　昭和54年発行

ラジオ体操第1・第2、徹底比較

第1と第2は似ているように見えますが、第1が優しいお姉さんとしたら第2は活発な男の子。その内容を徹底比較してみましょう。

ラジオ体操第1は、「老若男女を対象」とし、日本人が陥りがちな「姿勢不良」や「膝の曲がり」を改善することが大きな目的です。そのため、体操の始めと中間と終わりに体を伸ばす運動が入っています。また国民の半数以上を占める女子（母性）の健康は大切である、という観点から女性の好みや体に配慮し、美しい動きで構成されています。そして心地よく疲労回復・美容にも効果があるようにと、工夫されています[※3]。

これに対してラジオ体操第2は、主に「職場で勤労する人々を対象」とし、昼休みや休憩時間に行って「疲労回復」や「能率増進」をはかることが目的なため、第1よりもさらに高度な動きで構成され、アクティブで疲れにくい体に導きます。

それを象徴的に物語っているのが最初の動きです。運動の開始には2通りの考え、つまり「姿勢と呼吸」から入るものと「動的な跳躍」から入る2つのパターンがありますが、第1は最も一般的な「姿勢と呼吸」から始まり、第2は跳躍から始まります。また、この2つの体操に共通することはリズミカルな連続運動であり、ひとつひとつのつながりが大切にされています。連続運動の特徴である流れを乱さず、自然に体が動くように個々の開始姿勢と終了姿勢に大変な工夫がなされています。

※3『体育の科学』「新ラジオ体操の制定」杏林書院　昭和26年発行

図１　運動の検討イメージ

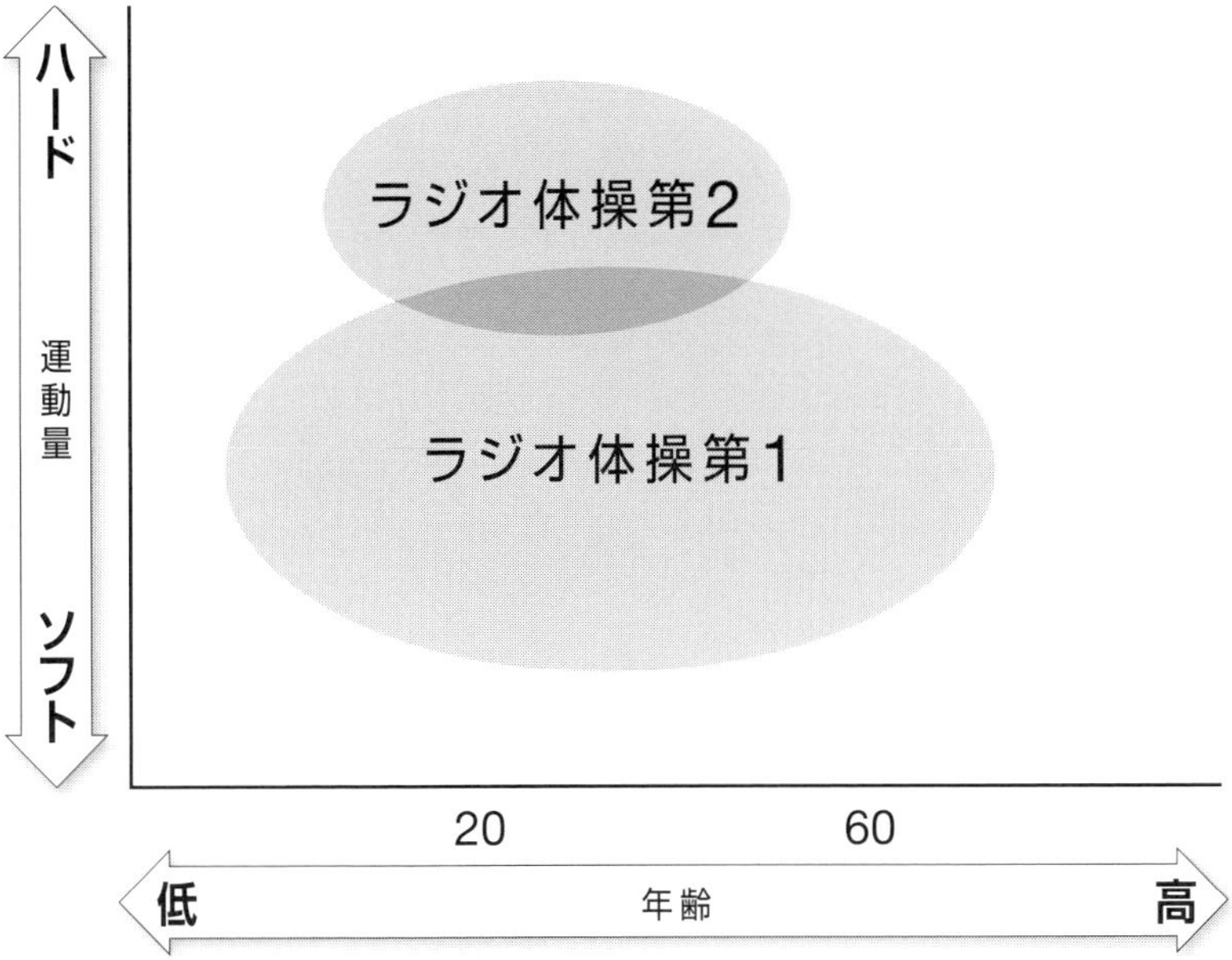

第1

テーマは「姿勢と呼吸」
すべての人に大切な要素です。

- 一般家庭向け。老若男女すべてが対象
- 美しい動きで姿勢を正しく
- ダイナミックストレッチの要素が多い（P68〜69で詳しく解説）

第2

テーマは「強さとしなやかさ」
アクティブで疲れにくい体を作ることが目標です。

- 職場向け。青壮年層が対象
- 働くうえで必要な筋肉を鍛えるように構成
- バリスティックストレッチの要素が多い（P68〜69で詳しく解説）

第２を行うにあたっては効果や注意点をしっかりと押さえて行うことが大切！
最初は少しハードに感じるかもしれませんが、徐々に慣れてくるはずです。
ポイントは、第１も第２も体調と体力に合わせて行うこと。

もっとスゴイ！
ココがスゴイ！
ラジオ体操の実力

特長
その1

動きが左右均等だから体の歪みが自然にとれる！

例えば、左側に2回体をねじったら
右側にも2回、というように、ラジオ体操は、
必ず左右均等に動かすことが原則。
そのため、行うほどに体の歪みがとれ、
プロポーションが整うだけでなく、
痛み予防の効果も期待できます。

特長
その2

全身の筋肉と関節をまんべんなく使う！

ラジオ体操は、普段動かさない全身の筋肉と関節を
まんべんなく大きく動かすように構成されています。
特に関節は、動かさないとさびついてしまい、
年齢とともに動く範囲が狭くなってしまうもの。
これが体の老化につながります。
日常生活では動かさない部分をしっかりと動かすことで、
体の老化を防ぎ、健康で若々しい体を
キープすることができます。運動不足の方だけでなく、
体の一部分だけを使うスポーツを
行っている方にもおすすめです。

特長 その3

内臓の働きが活性化する!

横曲げや回旋、ねじる運動などの
腹部体幹の筋肉を刺激する動きが
ふんだんに盛り込まれており、
内臓諸器官の働きを促進。
便秘解消の効果も期待できます。
また、深呼吸や胸を反らす運動では
心肺機能を向上させるなど、筋肉だけではない、
体に嬉しい効果がたくさんあります。

特長 その4

約3分でできるから、無理なく続けられる!

第1、第2とも所要時間はそれぞれ約3分。
両方続けて行っても、6分程度です。
行う場所を選ばず、
特別な道具も必要ないので、
いつでもどこでも、無理なく気軽に
続けることができます。

前作で、こんな感想をいただきました!

“たかがラジオ体操と
思っていましたが、
ポイントを押さえてやってみたら
結構ハードで、汗が出ました!
(28歳　男性)”

“会社でお昼休みに
やっています。
つらかった肩こりが
大分楽になりました!
(34歳　女性)”

“なんでも三日坊主の私でしたが、
ラジオ体操だけは続いています!
ボディラインが
スッキリしてきました。
(42歳　女性)”

“体操した後は、
手足の指先までホカホカ!
血行がよくなったと
実感しています。
(51歳　女性)”

ラジオ体操第1の流れを確認しよう!

Start

1
伸びの運動

ワンポイントアドバイス

深呼吸ではなく、
背伸び!

2
腕を振って脚を
曲げ伸ばす運動

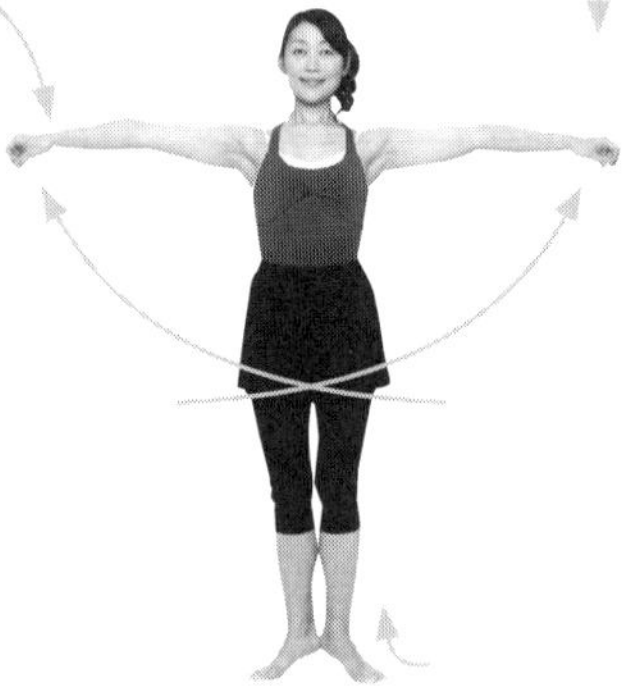

かかと上げを
忘れずに!

3
腕を回す運動

肩甲骨を意識して
大きく回そう

8
腕を上下に
伸ばす運動

ワンポイントアドバイス

テキパキと
素早く動こう

9
体を斜め下に
曲げ、胸を反らす
運動

もも裏が伸びている
ことを感じて!

10
体を回す運動

手の幅を
変えないように

4

胸を反らす運動

手の平を
しっかり返して

5

体を横に
曲げる運動

腕を耳の横に
つけるイメージで

6

体を前後に
曲げる運動

前屈のときは
上半身の力を抜こう

7

体をねじる運動

骨盤とひざを
しっかり固定して

11

両脚で跳ぶ運動

脚をバネにして
軽やかに跳ぼう

12

腕を振って脚を
曲げ伸ばす運動

2番と同じ。しっかり
かかとを上げて

13

深呼吸

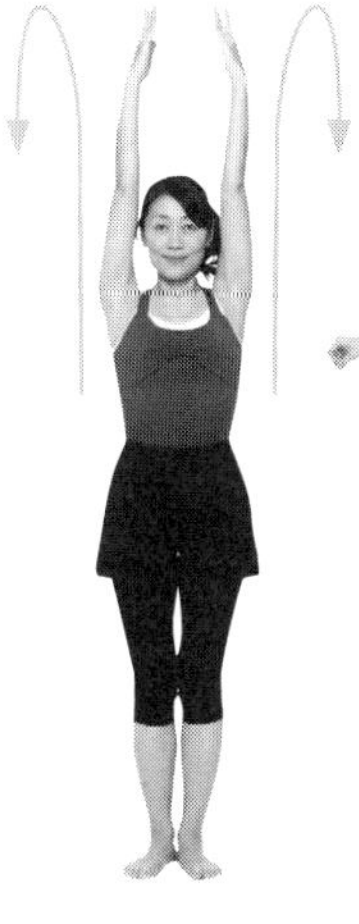

しっかりと息を
吐ききって！

Finish

ラジオ体操第2の流れを覚えよう!

Start

1
全身をゆする運動

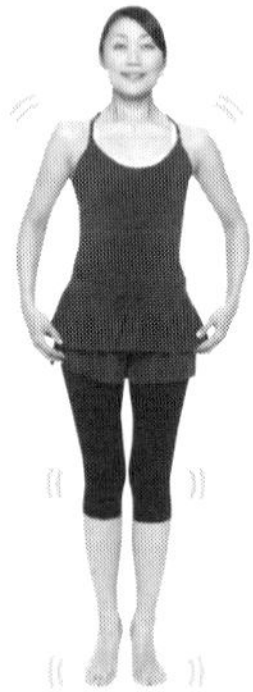

ワンポイントアドバイス

軽く上下に体をゆする

2
腕と脚を曲げ伸ばす運動

曲げるよりも、上に伸ばすことを意識

3
腕を前から開き、回す運動

体幹がぐらぐらしないように!

8
片脚跳びとかけ足・足踏み運動

ワンポイントアドバイス

骨盤を傾けずにももを高く上げて

9
体をねじり反らせて斜め下に曲げる運動

複雑で速い動きを正確に行おう

10
体を倒す運動

背筋を保って腕を振る

4 胸を反らす運動

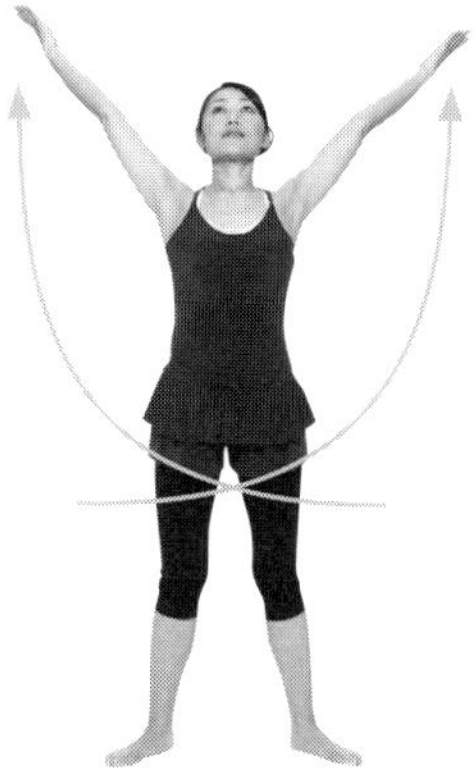

手の平は上向きに
して胸を開く

5 体を横に曲げる運動

手をわきの下に
つけて曲げる

6 体を前後に曲げる運動

反動をつけて
大きく反らす

7 体をねじる運動

下半身を固定して
上体を水平にねじる

11 両脚で跳ぶ運動

強弱をつけて
軽やかにジャンプ

12 腕を振って脚を曲げ伸ばす運動

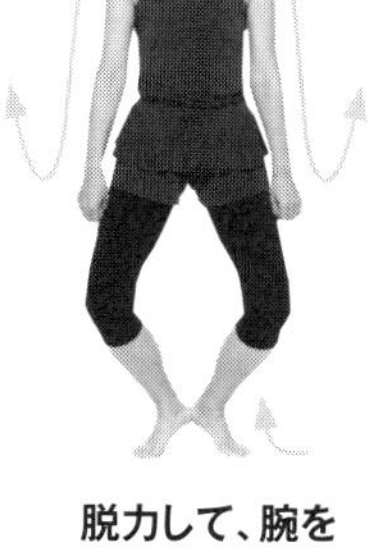

脱力して、腕を
振り子のように振る

13 深呼吸

ゆっくりと丁寧に
息を吐ききろう

Finish

ラジオ体操の効果を高める 3つのポイント

**前作でもご紹介いたしましたが、ラジオ体操を行ううえで
とても重要なポイントですので、本書でももう一度ご説明いたします。**

1 自己流は×。ポイントを確認してから行いましょう

練りに練って作られたラジオ体操。それぞれの動きには目的に沿ったポイントがあります。自己流だとポイントがずれている場合が多いので、注意点をしっかり把握してから行いましょう。得られる効果が断然アップしますよ！

2 使う筋肉を意識しながら動きましょう

筋肉は脳からの命令で動くので、体を動かすときに「どこを動かしているか」を意識するのとしないのとでは効果が大きく変わります。「特に効く筋肉」をイラストでご紹介していますので、意識しながら行いましょう。

3 テキパキと元気よく動きましょう

音楽にのって、テンポよくはつらつと行いましょう。力を入れるところは入れる、伸ばすところはしっかり伸ばす、などメリハリをつけてテキパキと行うと、ストレッチ効果が高まり、より疲れにくい体を作ってくれます。

Chapter II

大人のラジオ体操

第1をおさらい

動きが正しくマスターできているかおさらいしましょう。
前作でいただいた皆さんからの疑問点などに
お応えする解説を参考にしてください。
特に、呼吸やひとつひとつの筋肉を意識して
より丁寧に行うと効果が高まります。

※呼吸を意識して行うと運動効果が高まる動きには、
「吸う」「吐く」というマークで呼吸法をご紹介していますが、
難しい方は無理をせず、自然な呼吸で行ってください。

第1-1

DVD

伸びの運動

まずは、背伸びで美姿勢に！

難易度

★☆☆☆

1

腕を前から振り上げ、背中とお腹を伸ばす。

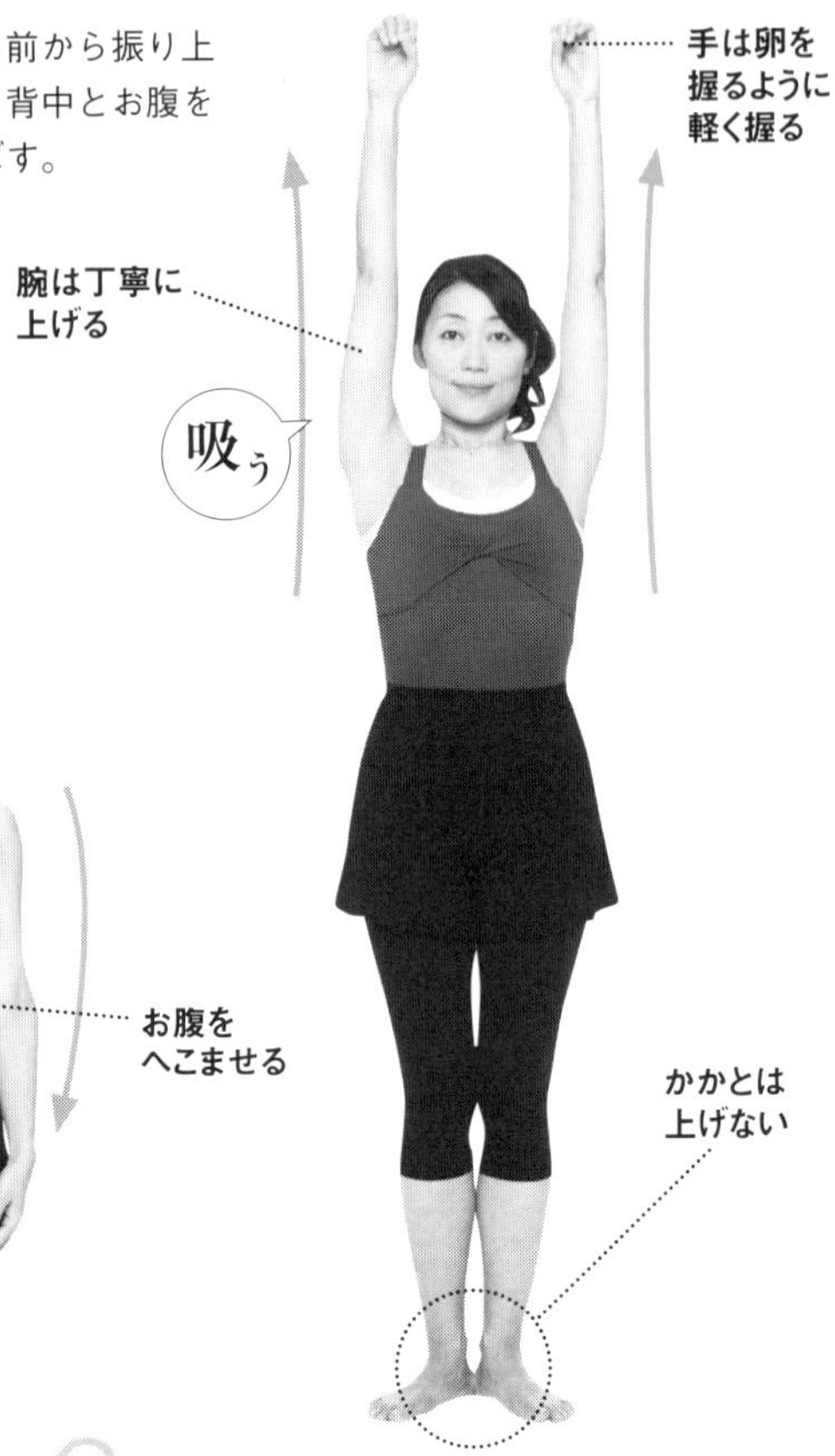

手は卵を握るように軽く握る
腕は丁寧に上げる
吸う
かかとは上げない

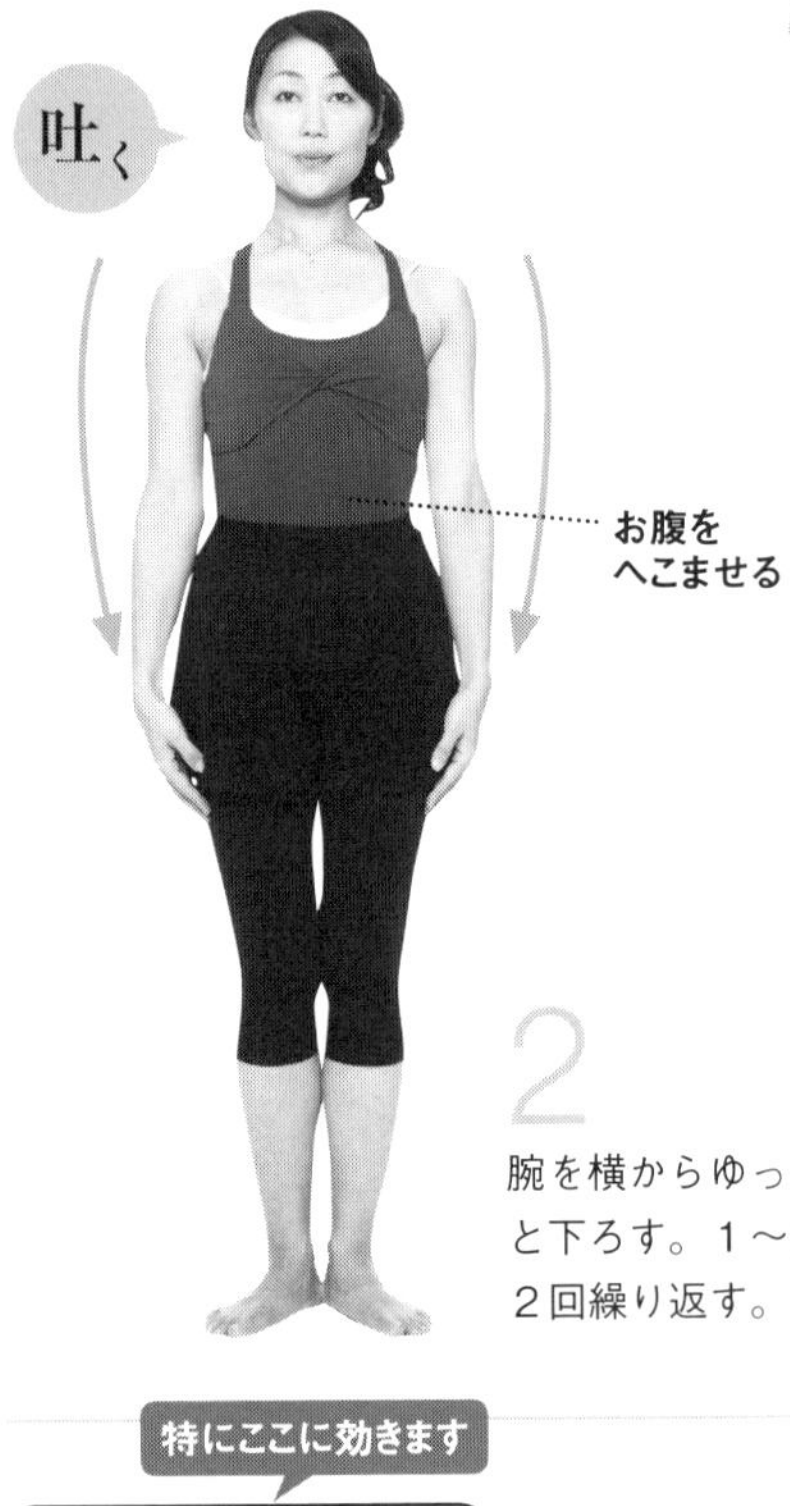

吐く
お腹をへこませる

2

腕を横からゆっくりと下ろす。1～2を2回繰り返す。

みんなの声

深呼吸だと思ってた！

深呼吸ではなくて背伸びです！よい姿勢を意識して

一番はじめは「深呼吸」ではなくすべての運動を正しい姿勢で行うための「伸びの運動」です。かかとは上げず、まっすぐ上に手を上げ、息を吸ったときに、おへそを持ち上げるようにへこませると、それだけで腹横筋が刺激されて腹筋運動の効果があります。姿勢は第1のテーマ。そのため、最初・途中・最後の3回、姿勢を正す運動が入っています。

特にここに効きます

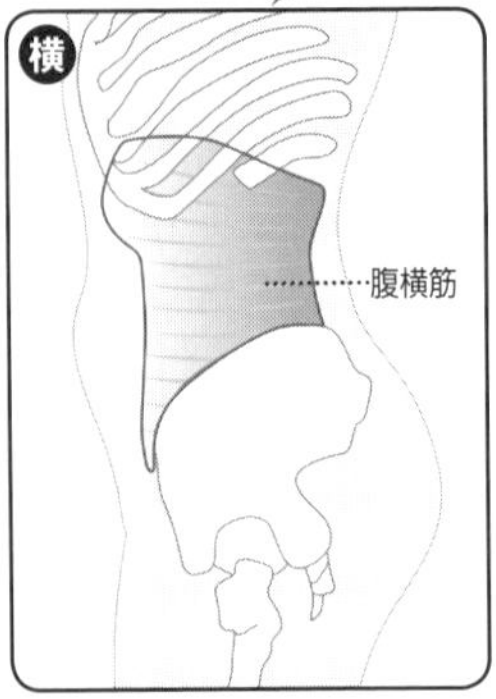

横
腹横筋

その他、脊柱起立筋など

第1-2 DVD

腕を振って脚を曲げ伸ばす運動

バレエの動きで美脚&小尻に!

難易度

☆☆☆☆

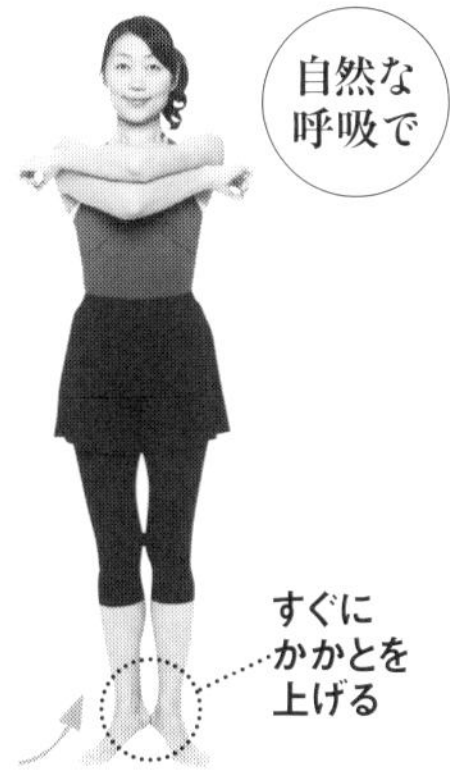

自然な呼吸で
すぐにかかとを上げる

1 腕を体の前で交差させ、かかとをそろえて上げる。

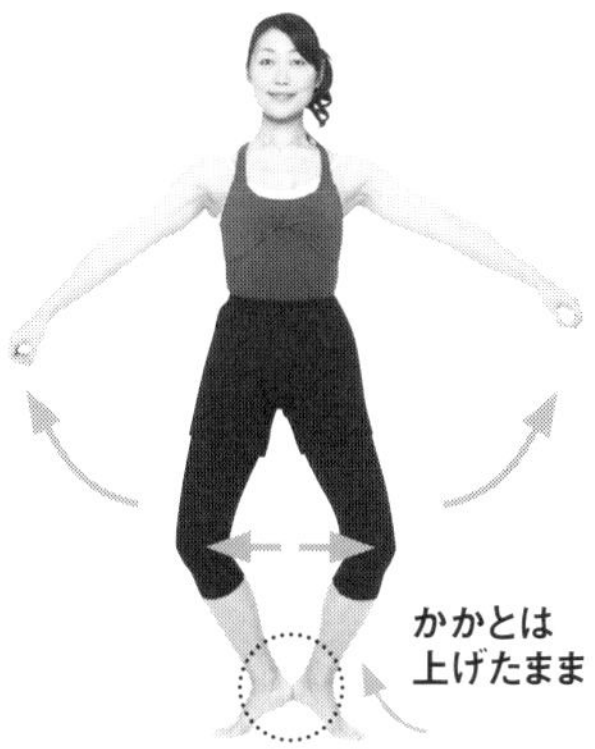

かかとは上げたまま

2 腕を横に振りながら、ひざを曲げて左右に開く。

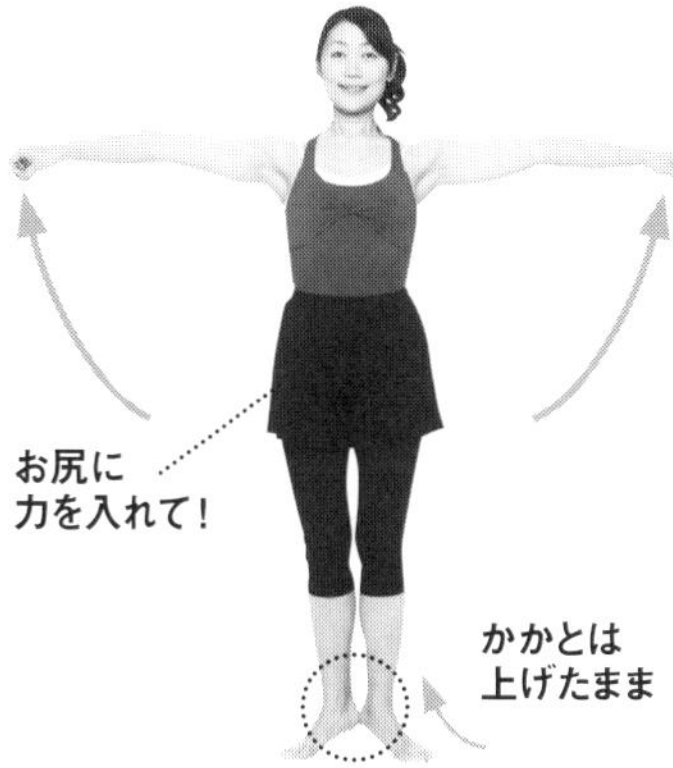

お尻に力を入れて!
かかとは上げたまま

3 ひざを伸ばし、腕を肩の高さまで上げる。

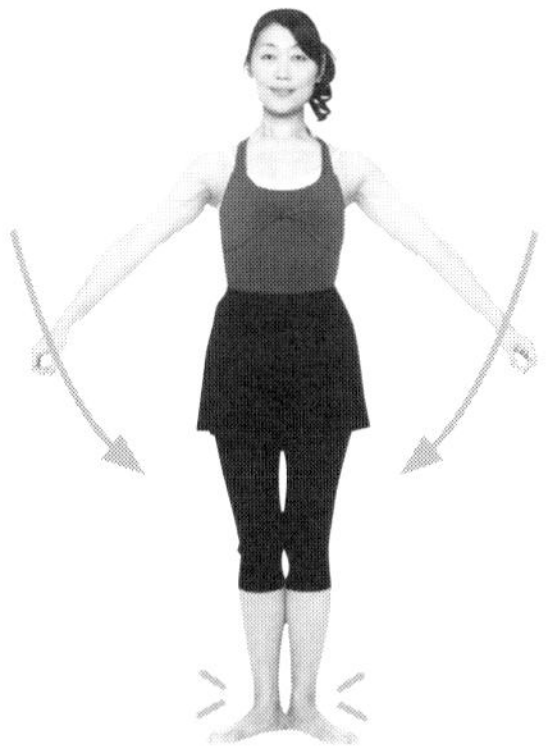

4 腕を振り戻しながら、一瞬かかとを下ろす。1～4を8回繰り返す。

みんなの声

かかと上げが難しい!

前のめりになると重心がぶれてうまくいきません

この動きは2番目と12番目に出てくる動きですが、左右のかかとをつけたまま上げてひざの曲げ伸ばしをする、というバレエやダンスのベーシックな動きで構成されています。上体が前のめりにならないようにまっすぐ上げ下げすると、かかと上げが楽にできるようになります。また、美脚・小尻だけでなく、自然と体幹も鍛えられます。

特にここに効きます

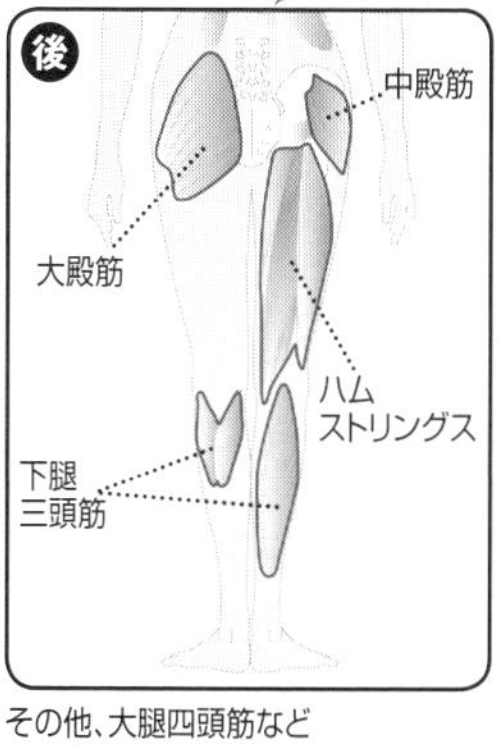

後
中殿筋
大殿筋
ハムストリングス
下腿三頭筋

その他、大腿四頭筋など

第1-3 DVD

腕を回す運動

肩甲骨を動かして背中スッキリ!

難易度 ★☆☆☆

1

腕を胸の前で交差させた状態から、ひじを伸ばして、腕を外側に向かって大きく回す。

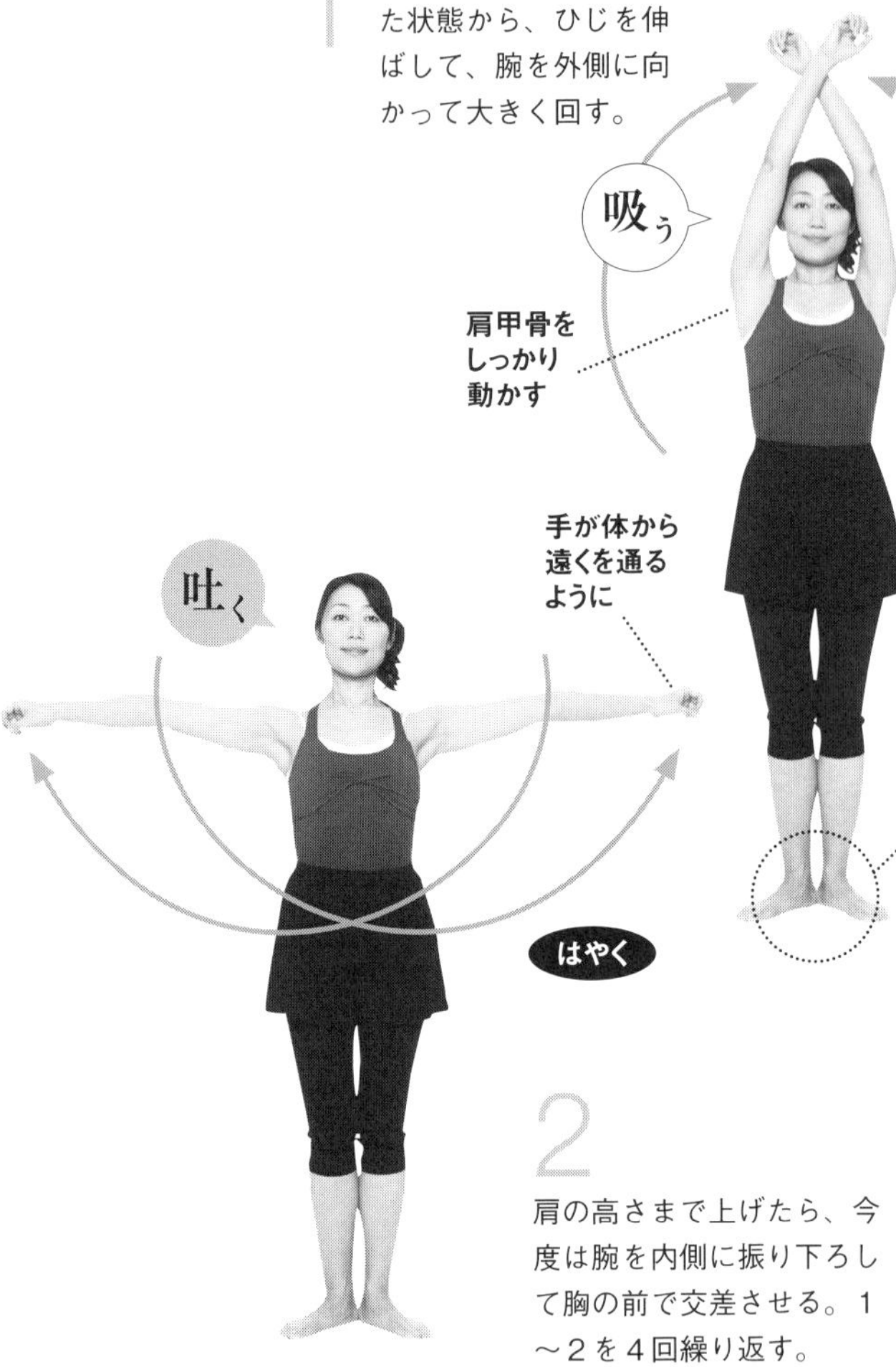

ゆっくり
吸う
肩甲骨をしっかり動かす
手が体から遠くを通るように
吐く
かかとは上げない
はやく

2

肩の高さまで上げたら、今度は腕を内側に振り下ろして胸の前で交差させる。1～2を4回繰り返す。

特にここに効きます

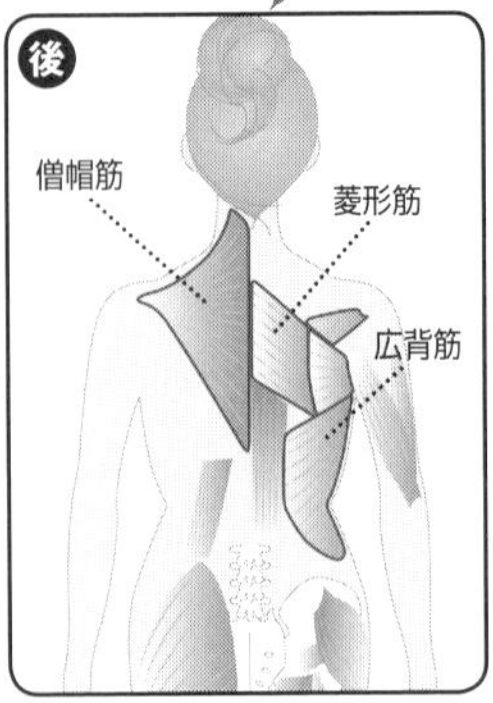

後
僧帽筋
菱形筋
広背筋

みんなの声

肩こりがとれた!

肩甲骨を意識して大きく回すのがポイント

肩の動きは肩関節と肩甲骨を一緒に使って行います。肩甲骨の動きには多くの筋肉が携わっており、この肩甲骨の動きが悪く、さびついたようになると、「肩こり」「肩の痛み」の原因になるほか、「老けた背中」の印象に。交差する手はなるべく顔の近くで、振り下ろす手は力を入れず遠心力で真横に回すのがポイント。肩甲骨の動きが改善します。

第1-4 DVD

胸を反らす運動

胸を開いて上向きバスト＆猫背解消！

難易度

★★☆☆

1 左足を真横に踏み出しながら、腕を肩の高さまで振り上げる。

吸う

2 腕を振り下ろして体の前で交差させる。

吐く

吸う
手の平を返して
胸をしっかり開く
お腹は突き出さないように

3 腕を大きく斜め上に上げ、胸をしっかり反らしたら、腕を振り戻して、2の姿勢に。1～3を4回繰り返す。

特にここに効きます

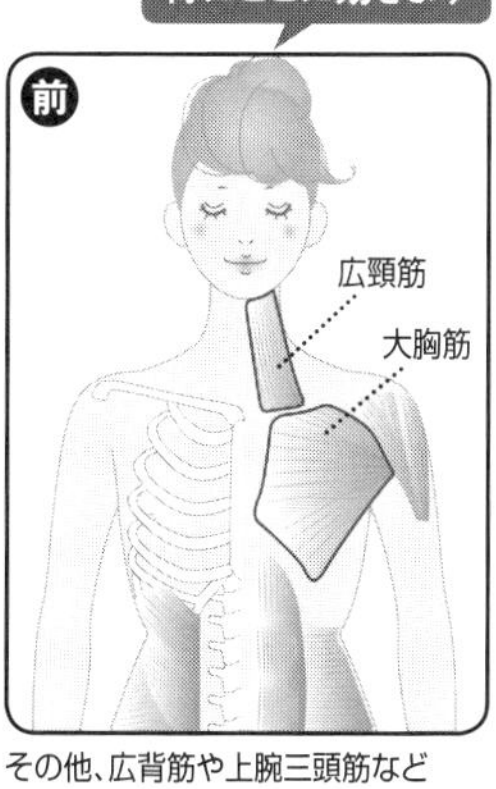
前
広頸筋
大胸筋

その他、広背筋や上腕三頭筋など

みんなの声

手の平を返すって知らなかった!!

手の平の向き一つで効果が断然アップ！

毎日自分の体の前でしか作業をしない現代人は、前のめりになって大胸筋が縮み、あごから鎖骨までのデコルテ部分の広頸筋もたるみがち。胸をしっかりと反らしながら、上げた手の平を返すと、大胸筋と広頸筋がほどよくストレッチされてよい姿勢になり、美しいあごラインとデコルテへと導かれていきます。なお、大胸筋のストレッチはP82でもご紹介します。

第1-
5

DVD

体を横に曲げる運動

体側を伸ばすだけ！なのにわき腹がスッキリ！

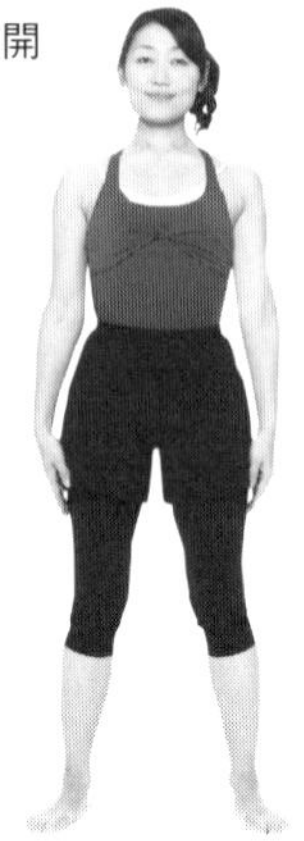

1 足を肩幅に開いて立つ。

まずは腕から動かし始める
吸う

吐く
腕を耳につけるイメージで
ここを伸ばす

2 右腕を真横から勢いよく振り上げて、上半身を左に曲げる。一度体を起こして右腕を戻したら、再度右腕を上げて体を左に曲げる。反対側も同様に。１～２を２回繰り返す。

難易度

★★☆☆

特にここに効きます

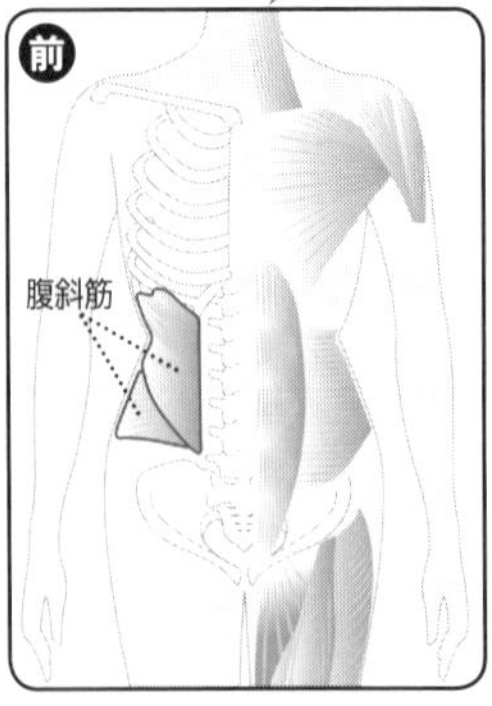
前
腹斜筋

みんなの声

腕を耳の横にするだけで伸び方が全然違う！

シンプルな動きだからこそポイントを押さえて

日常のクセが集積すると、体の左右のバランスが悪くなり、硬くなったり歪んできたりします。前のめりにならず、腕をしっかり耳の横に上げて、腕に引かれるように体を真横に曲げて体側のストレッチを行いましょう。左右交互に伸ばすことで腹斜筋のバランスが整い、リンパの流れも改善し、お腹まわりがスッキリしてきます。

第1-
6
DVD

体を前後に曲げる運動

脊椎の柔軟性アップで 腰のだるさ解消！

難易度
★★☆☆

徐々に
深く！
吐く
吐く
吐く
上半身の
力を抜いて
前屈

1 上半身の重みで弾みをつけながら、体を前に3回曲げる。

2 一度体を起こす。

吸う

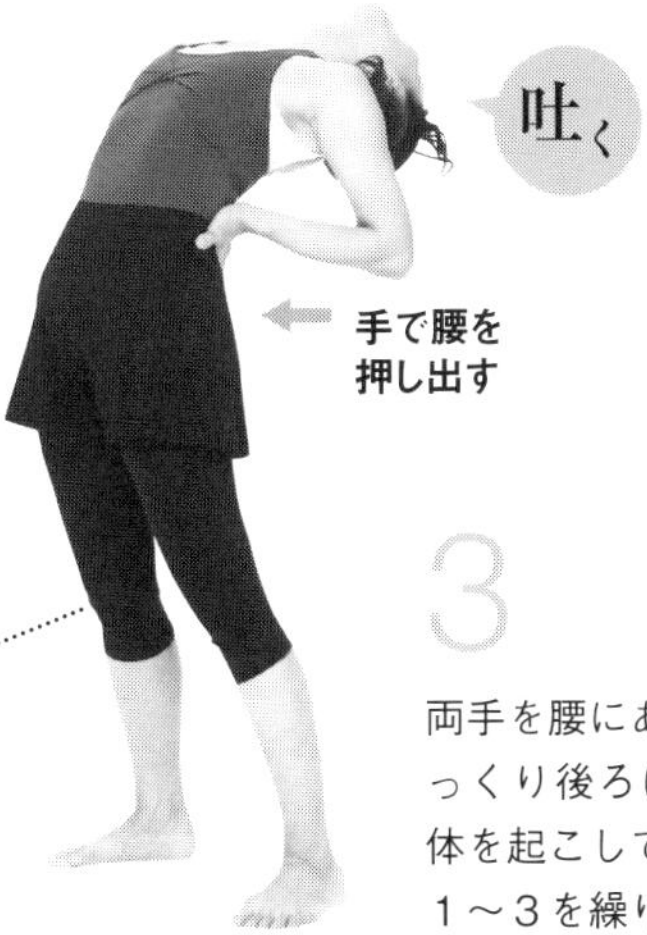

吐く
手で腰を
押し出す
ひざは
曲げない

3 両手を腰にあて、体をゆっくり後ろに反らせる。体を起こして、もう一度1～3を繰り返す。

みんなの声

同じ深さで前屈してました！

段階曲げで柔軟性アップ！

この動きは脊椎の柔軟性を高め、腰の疲労回復と強化をはかる運動です。前に反動をつけて3回曲げる動きはバリスティックストレッチ（P68参照）になり、いきなり最初から大きく曲げようとすると伸張反射（P69参照）が生じてストレッチ効果が半減。前屈では首の力を抜き、強弱をつけ小↓中↓大と段階的に深く曲げるのが柔軟性を高めるポイントです。

特にここに効きます

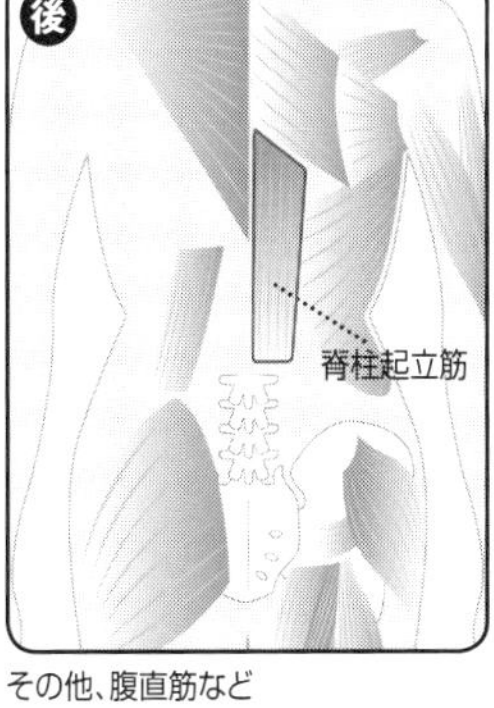

後
脊柱起立筋

その他、腹直筋など

第1-7

DVD

体をねじる運動

ねじりの動きで 体幹を鍛える！

自然な呼吸で

難易度

★★☆☆

1

足を開いて立ったら、腕の力を抜き、上体を左→右→左→右の順でねじる。

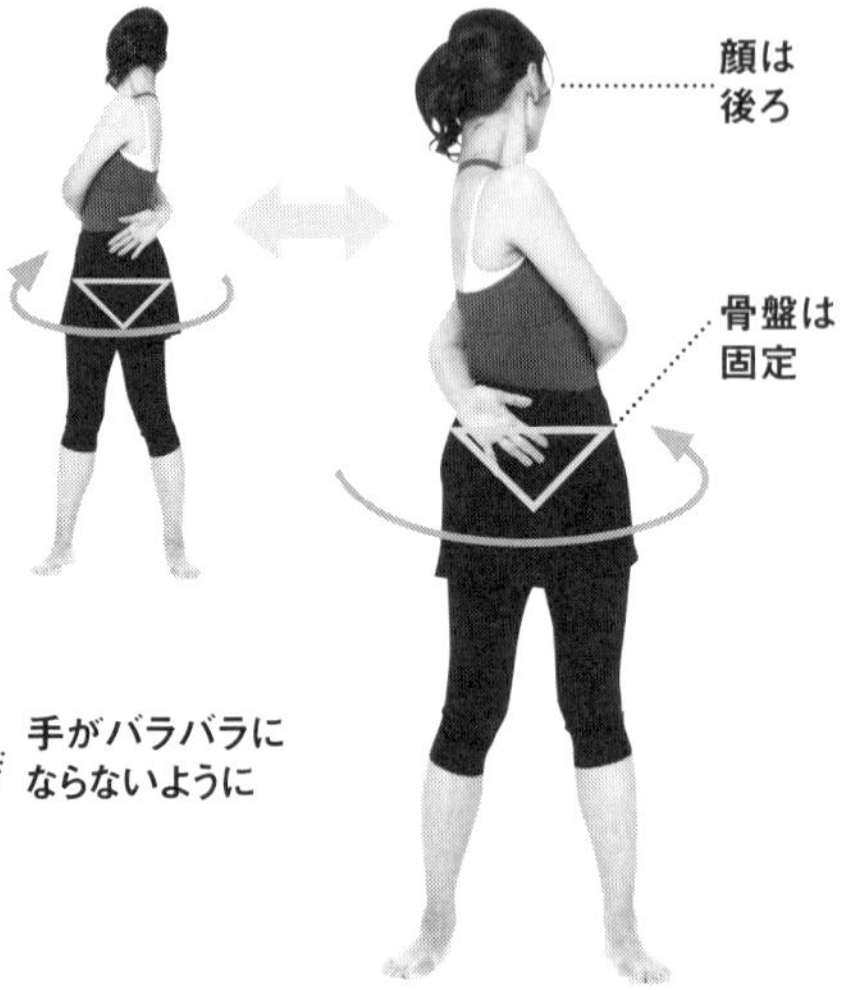

顔は
後ろ
骨盤は
固定

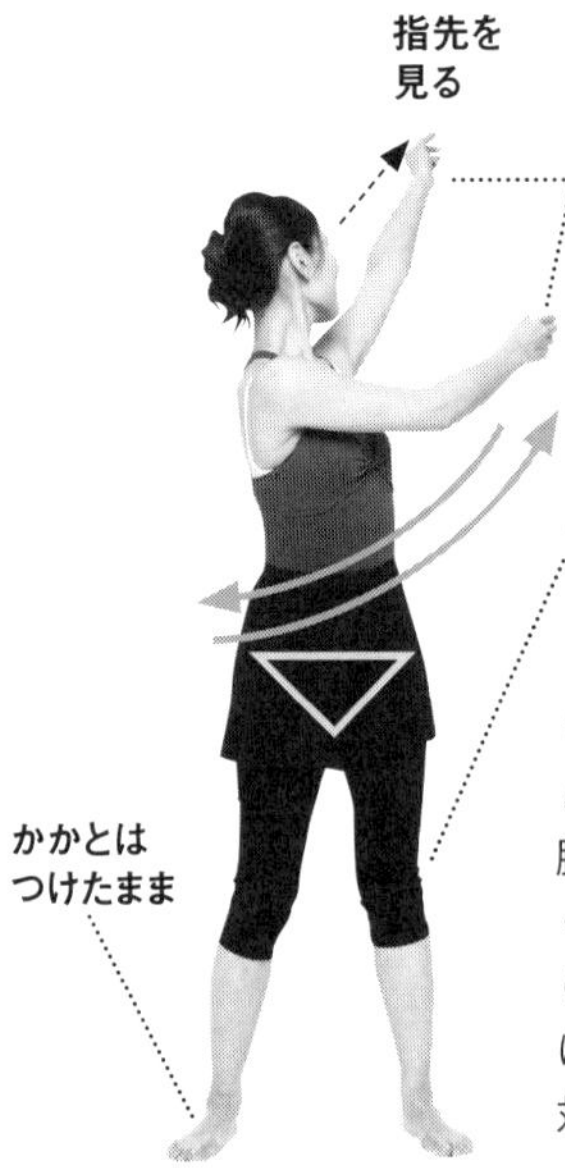

指先を
見る
手がバラバラに
ならないように
ひざは
ゆるめない
かかとは
つけたまま

2

腕を左斜め上に大きく２回振り上げたら、一度上体を正面に戻す。１～２を反対側で繰り返す。

特にここに効きます

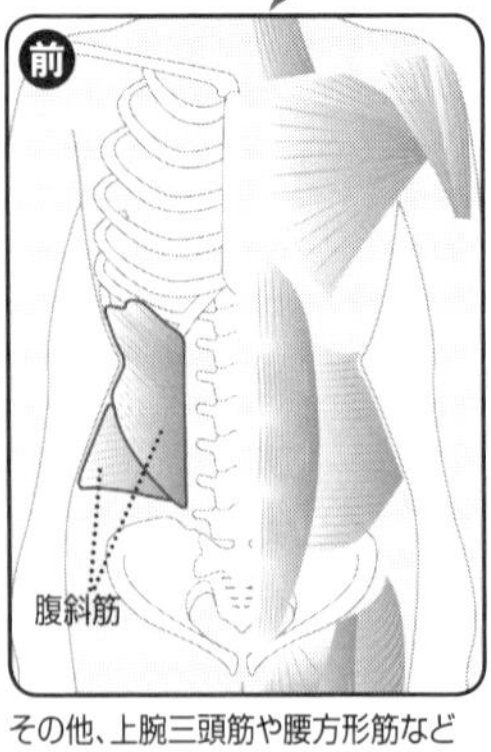

前
腹斜筋

その他、上腕三頭筋や腰方形筋など

みんなの声

下半身が流れていました

ひざをしっかり固定すれば体幹強化に！

両手の遠心力に負けずに体の軸を保ちながら回すことで、腹斜筋等の体幹の筋肉が引き締まります。軸がわかりづらい人は、ひざを固定するように意識すると効果的に体軸が安定します。左右で動きやすさが違う人は日常のクセで少し歪んでいる可能性あり。５・６・７番でまんべんなく脊椎を動かすことで、筋肉だけでなく内臓諸器官の動きも促進されます。

第1-8 DVD

腕を上下に伸ばす運動

垂直伸ばしで 重力に負けない若々しい体に!

難易度

★★☆☆

自然な呼吸で
肩幅

1 左足を横に一歩出しながら、腕を素早く曲げて指先で肩に触れる。

ピーン
指先まで力を入れる
かかとをしっかり上げる

2 両腕を上に伸ばし、かかとを上げる。

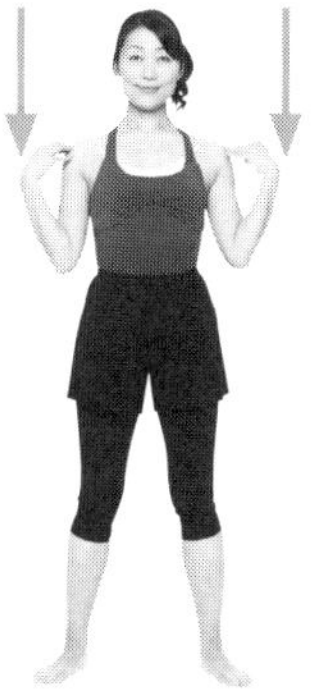

3 かかとを下ろしながら、腕を素早く曲げて、指先を肩の位置に戻す。

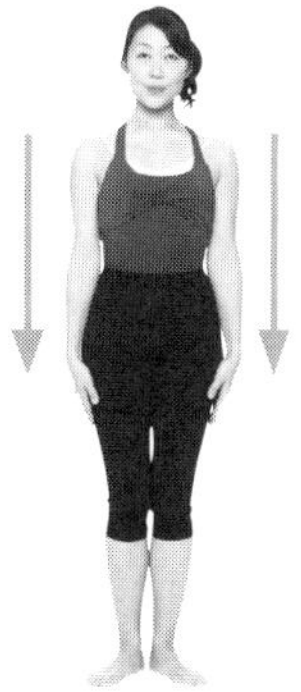

4 腕を下ろし、左足を閉じる。次に右足を横に出して1～4を行う。この流れを2回繰り返す。

みんなの声

フワフワやっていました

メリハリをつけてテキパキと動こう!

ここでいったん第1のテーマである姿勢を「リセット」して、正しくします。垂直方向に動くことで若返りの要である「抗重力筋」を刺激し、最短距離で手を上下に素早く動かすことで全身にパワーがつきます。上で一瞬バランスを取って止まるようにしてメリハリをつけると、ダイナミックストレッチ（P68参照）の効果で動きやすく若々しい体に!

特にここに効きます

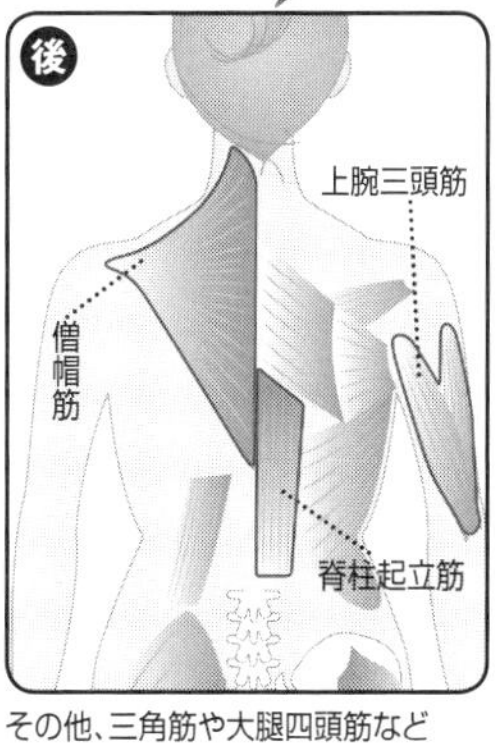

後
上腕三頭筋
僧帽筋
脊柱起立筋

その他、三角筋や大腿四頭筋など

第1-9 DVD

体を斜め下に曲げ、胸を反らす運動

ハムストレッチで太もも＆お尻スッキリ！

難易度

★★★☆

1

左足を真横に出し、上体を左下に２回曲げる。

股関節から曲げる
ひざは伸ばす
吐く
吐く

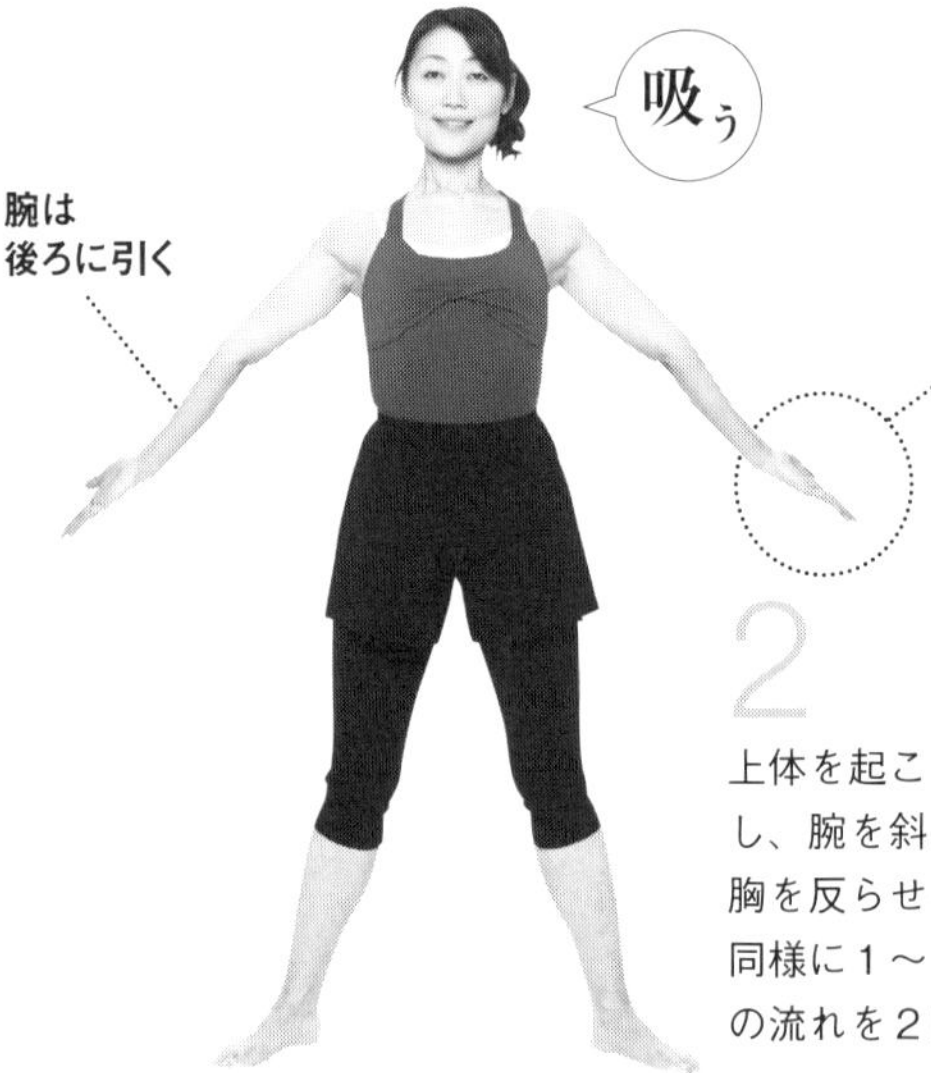

吸う
腕は後ろに引く
手の平は返す

2

上体を起こして正面に戻し、腕を斜め下に開いて胸を反らせる。反対側も同様に１～２を行う。この流れを２回繰り返す。

特にここに効きます

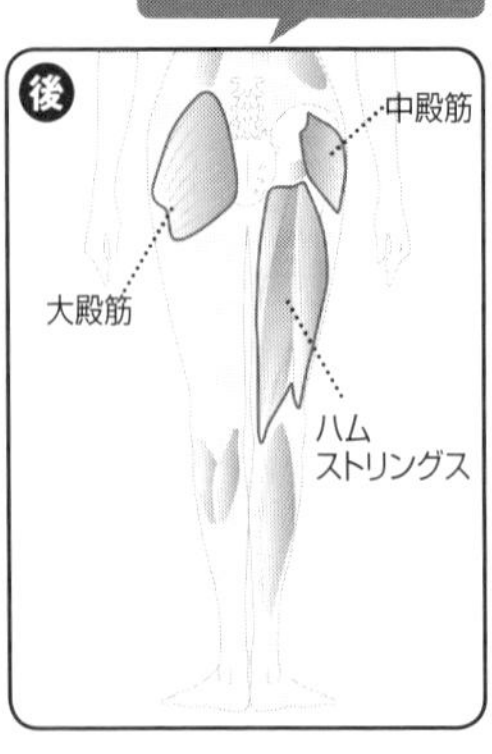

後
中殿筋
大殿筋
ハムストリングス

みんなの声

6番と同じだと思っていました

股関節から斜めに曲げるともも裏に効く！

上体を斜めに下げることで、もも裏の屈筋群であるハムストリングスがストレッチされます。普段座る時間が長く、歩くときにひざが曲がっている人は、この筋肉が伸びず、血行が滞り、脂肪（セルライト）がたまりやすい傾向に。ももの付け根の股関節から曲げるとストレッチ効果が高まり、血行が促され、脂肪がたまりにくい体質へ導かれます。

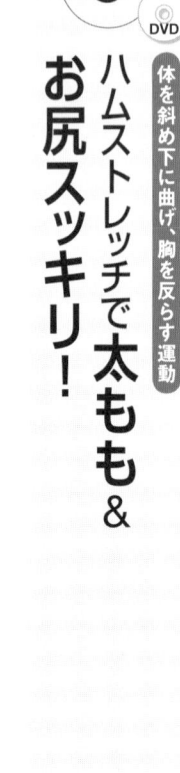

第1-10 DVD

体を回して歪み解消！

体を回す運動

自然な呼吸で

ひじを伸ばす
1
2
手の幅は
変えずに回す
4
下半身は
固定させる
3

両腕を右肩の高さに上げたら、円を描くように腕を振りながら、右から左へ大きく回す。１周半回して、腕が左斜め上まできたら、逆方向に回していく。これを２回繰り返す。

難易度

☆☆☆☆

特にここに効きます

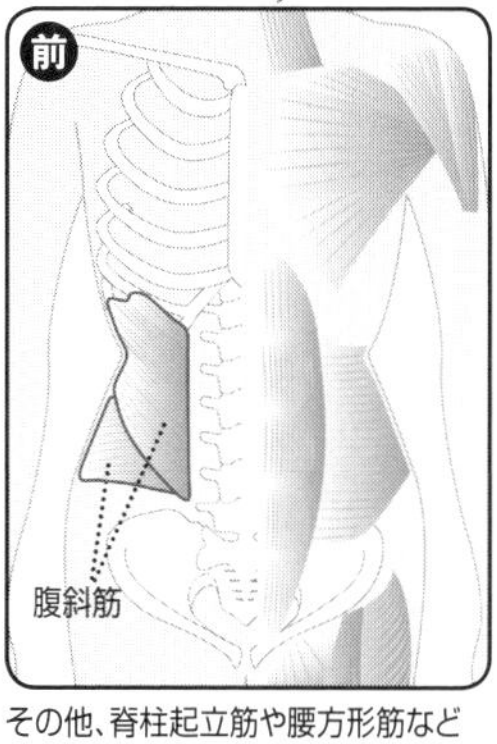

前
腹斜筋

その他、脊柱起立筋や腰方形筋など

みんなの声

なかなかうまく回せません……

小さな円から均等に回すことを意識して

両腕を伸ばし、手の幅を変えずに頭がいつも両腕の間にあるように意識すると、うまく体を回せるようになります。また両手をそろえることで腰がよりしっかり回ります。うまくできない人は、両手が広がらないようにタオルを使うとやりやすいです。また、最初から大きな円を描こうとせず、小さな円から徐々に大きくしていきましょう。

第1-11

DVD

両脚で跳ぶ運動

両脚ジャンプで脂肪を燃やす！

難易度

★★☆☆

1

両足をそろえ、4回跳ぶ。

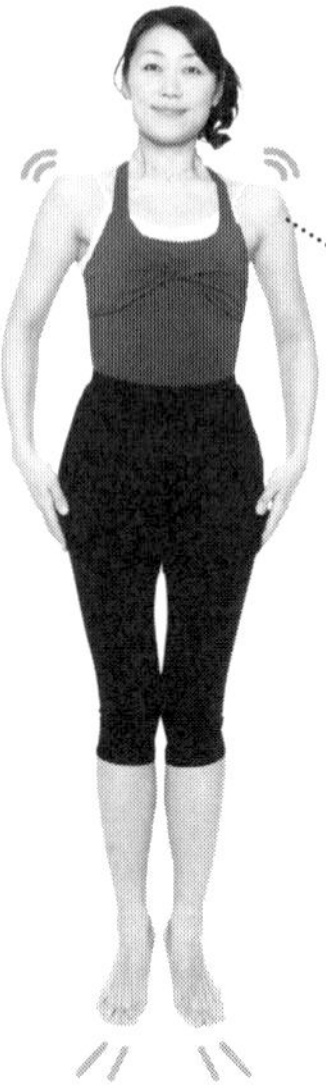

2

足を開いて跳びながら、腕を大きく真横に開いたら、次に、腕を下ろしながら足を閉じて跳ぶ。この「開いて閉じる」動きを2回行う。1～2を2回繰り返す。

特にここに効きます

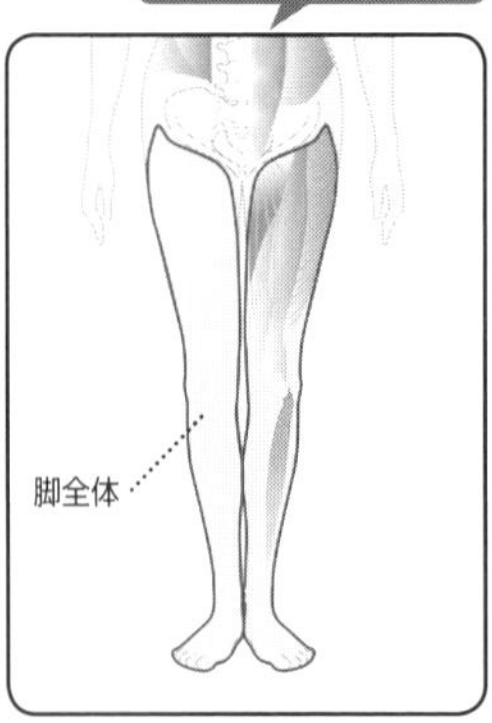

みんなの声

ドスドスとした音が悩みでした

音が大きい人は跳び方に問題あり！

大人になってしばらくジャンプをしていないと、跳ぶことさえも下手になってしまいます。ポイントはつま先。つま先を意識して脚全体をクッションのようにバネにして使うと音が半減するだけでなく、脚の神経が賦活《ふかつ》化されバランスのよい使える筋肉がつきます。また骨を強くする効果は第2の11番と同様です。その場ジャンプの有酸素効果で脂肪を燃やしましょう。

第1-12 DVD

腕を振って脚を曲げ伸ばす運動

最後まで丁寧に！ 骨盤底筋を意識して

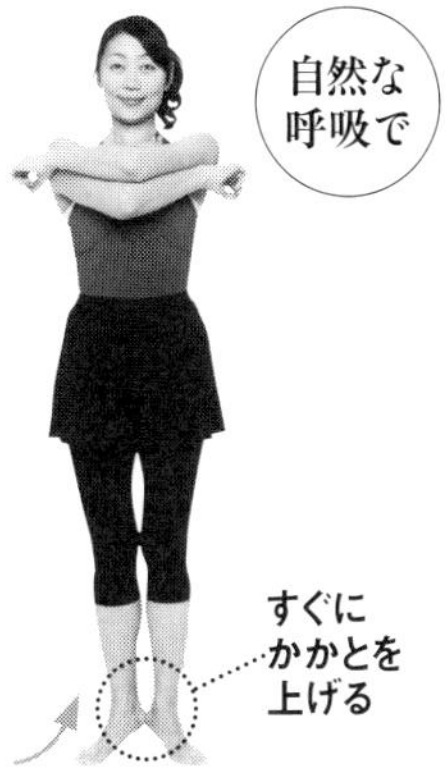

自然な呼吸で
すぐにかかとを上げる

1 腕を体の前で交差させ、かかとをそろえて上げる。

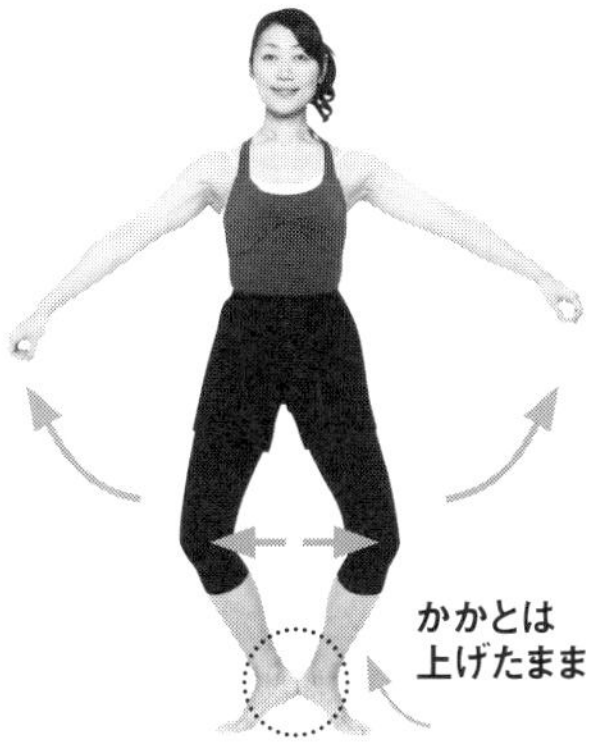

かかとは上げたまま

2 腕を横に振りながら、ひざを曲げて左右に開く。

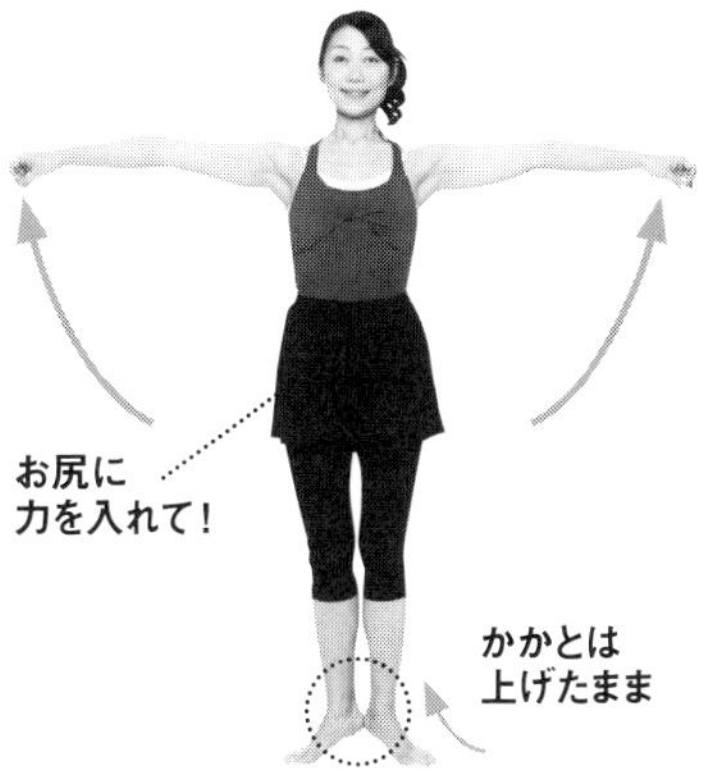

お尻に力を入れて！
かかとは上げたまま

3 ひざを伸ばし、腕を肩の高さまで上げる。

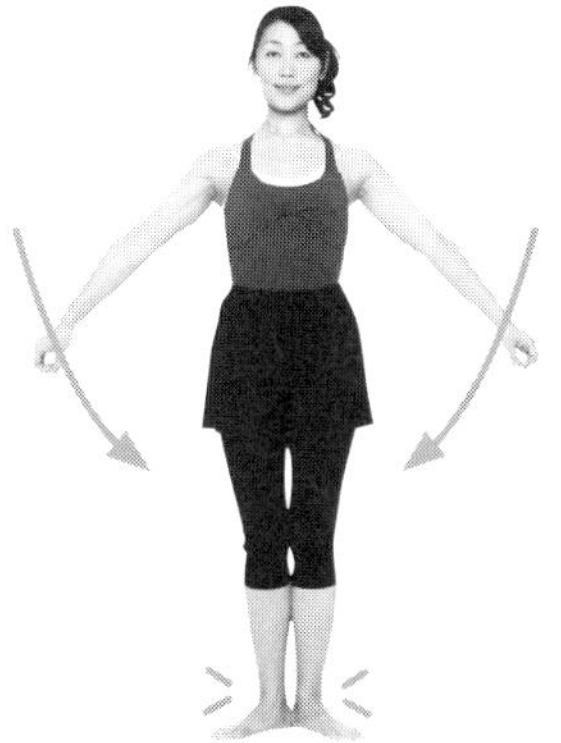

4 腕を振り戻しながら、一瞬かかとを下ろす。1～4を8回繰り返す。

難易度

☆☆☆☆

みんなの声

両脚ジャンプの後で、手を抜いていました

後は深呼吸。最後だからこその筋トレ効果あり

2番と同じ動きです。左右のかかとをしっかりつけて上げ、ももの内側を寄せてひざをまっすぐにすることで自然にお尻と骨盤の中の筋肉が鍛えられます。なんと、昭和30年代、女学校でこの動きが「安産になるからやりなさい！」と教えられたというエピソードもあるほど。骨盤底筋まで鍛えて内側から若々しい体になりましょう。

特にここに効きます

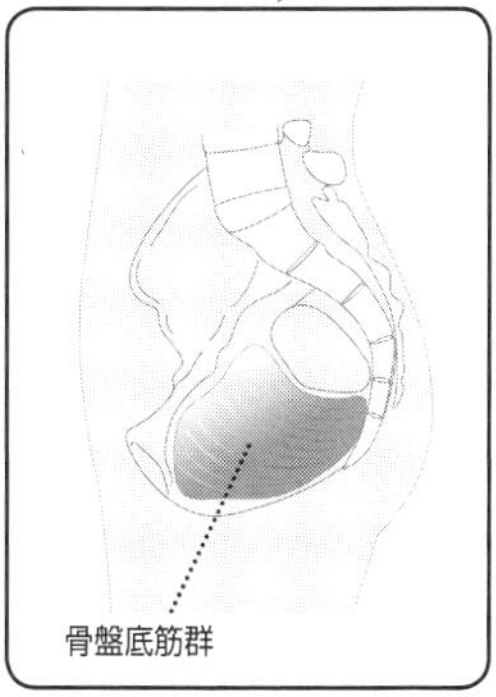

骨盤底筋群

その他、P21の筋肉図を参照

※12番はラジオ体操第1の2番（P21）と同じ動きです。DVDの「ポイント解説」では、2番の動きをご参照ください。

第1-13 DVD

深呼吸

深呼吸でストレス解消！

1 大きく息を吸いながら、両腕を前から振り上げる。

指先は伸ばす
大きく吸う
かかとは上げない

2 息を吐きながら、両腕を横から下ろす。1～2を4回繰り返す。

しっかり吐く

難易度

★☆☆☆

みんなの声

久しぶりに深呼吸しました！

深呼吸はストレス解消に効果的！

忙しくてストレスのたまりやすい現代の生活の中では、自然に呼吸が浅くなり、体に二酸化炭素がたまってしまいます。そんなときに一気に出るのが「ため息」。時々深い呼吸をしっかりしてあげれば、きれいな空気が体を巡り、ストレス解消だけでなく美肌や快眠効果も得られます。

これで終了。最後まで丁寧に

Q 運動中の呼吸の仕方がよくわかりません

A ラジオ体操では基本は自然な呼吸で大丈夫ですが、特に胸を開く、閉じるという動きや、体を伸ばす、ゆるめるといった大きな動きに合わせて吸う、吐くを意識して呼吸をすることで、運動効果をより高めることができます。

運動と呼吸　ポイント

吸う	伸びるとき	胸を開くとき
吐く	力を入れるとき ゆるめるとき	胸を閉じるとき

※呼吸は止めずに行います。

運動時だけでなく日常生活でも呼吸はとても大切です。毎日、時々よい呼吸を意識するだけで姿勢がよくなる、ウエストが引き締まる、腰痛予防などの効果が期待できます（詳しくは次ページへ！）。

呼吸と姿勢の密接な関係

呼吸運動により肋間の筋肉や横隔膜をしっかりと動かすことで、疲労回復や心臓・肺の健康維持にもよい影響が期待できます。

また、姿勢と呼吸は表裏一体です。「姿勢をよくしたい！」と思ってもなかなかできない、という人はまず、深呼吸をしてみましょう。一番スムーズに大きく息が吸える姿勢を探してみてください。猫背にしたり、胸を反らしてみたり、ほんの数回姿勢を変えて呼吸をするだけで、一番胸が大きく広がる姿勢に気がつくはずです。その姿勢こそがあなたの一番よい姿勢です。よい姿勢が取れたら、ゆっくり5〜10回呼吸を続けます。「吸う」では肩をすくめず、胸を自然に広げ、「吐く」では一気には吐かずに、口をすぼめゆっくりと少しずつ吐いてみましょう。吐くときに胸を前かがみにしがちですが、せっかく作ったよい姿勢は維持したまま、お腹の筋肉をおへその奥へ引き込み、すべての空気を出すような気持ちで吐いていくと腹式呼吸が上手にできるようになります。

Let's Check!

姿勢を少しずつ変えながら、深呼吸をしてみましょう。
スムーズに呼吸ができる姿勢が一番よい姿勢です。

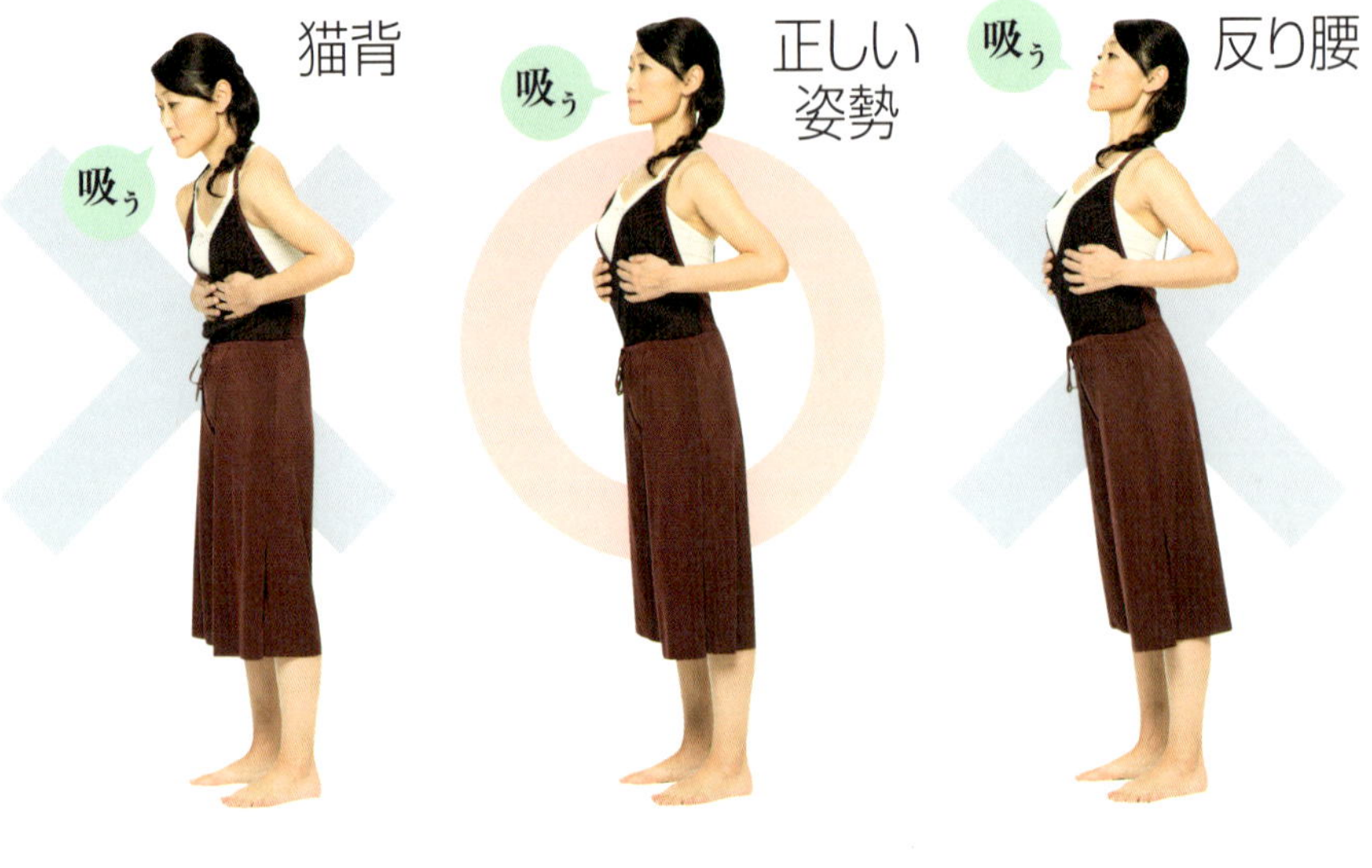

2つの呼吸法で美姿勢を作る！

**呼吸法には胸式呼吸と腹式呼吸の2つがあります。
体操時にはバレエやピラティスなどでも使う胸式呼吸を行うのが一般的です。
また腹式呼吸は健康面で高い効果があります。**

意識したいポイント

息を吸ったときは横隔膜が下がり、息を吐くときはお腹をへこませると横隔膜が通常より大きく持ち上がり、内臓も引き上がる。横隔膜や腹横筋が衰えると、胸郭が下がり、お腹がぽっこりと出やすくなるので、常に動きがよい状態にしておくことが大切。

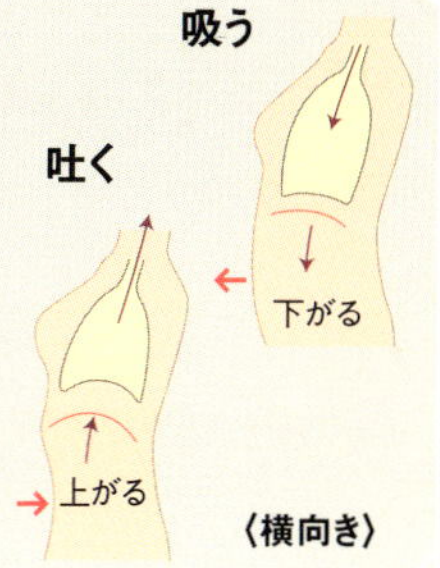

寝て行う
腹式呼吸

DVD

まず、寝て行う腹式呼吸から始めましょう。仰向けになると重力の影響を受けないので、楽にお腹をへこませたり膨らませたりすることができます。この呼吸法で、横隔膜の動きがよくなると同時に、姿勢を支えるお腹の深部の腹横筋が鍛えられ、内臓が正しい位置に安定し、姿勢も整います。

1 鼻から息を吸って お腹を膨らませる

仰向けになり両脚は伸ばす。左手は肋骨の上に、右手はお腹の上に置く。その状態で鼻から息を吸って、お腹を膨らませる。このとき肋骨は動かさず、お腹だけを膨らませること。

2 口から息を吐いて お腹をへこませる

次に、口から息を吐きながら、お腹をへこませる。肋骨は動かさず、お腹を背中に押し付けるイメージでへこませて。この腹式呼吸をゆっくりと5回繰り返す。

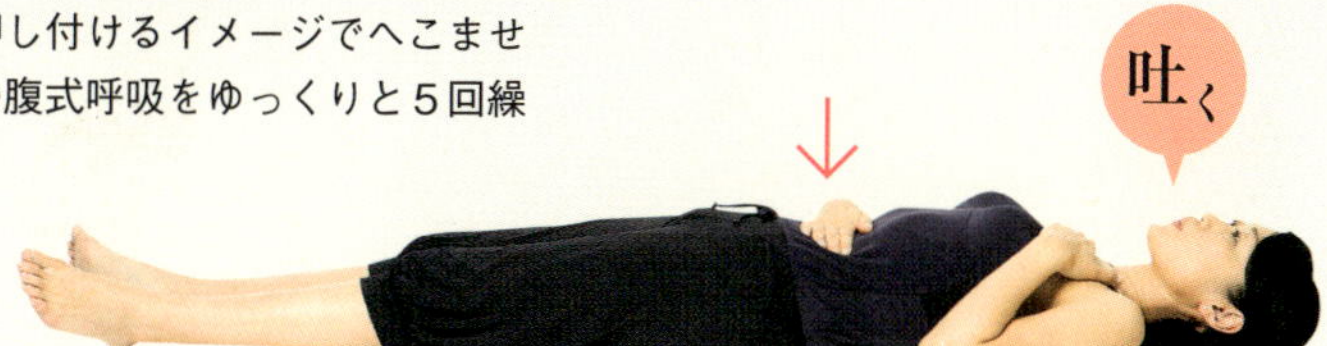

立って行う

胸式呼吸

寝て行う腹式呼吸ができるようになったら、立って行う胸式呼吸にトライ。お腹をへこませたまま、正しい姿勢で胸式呼吸をすることで、胸郭の柔軟性が増し、腹横筋と横隔膜にさらに強い刺激が与えられます。正しい姿勢が無理なく保てるようになり、肩こりや腰痛の予防にもつながります。

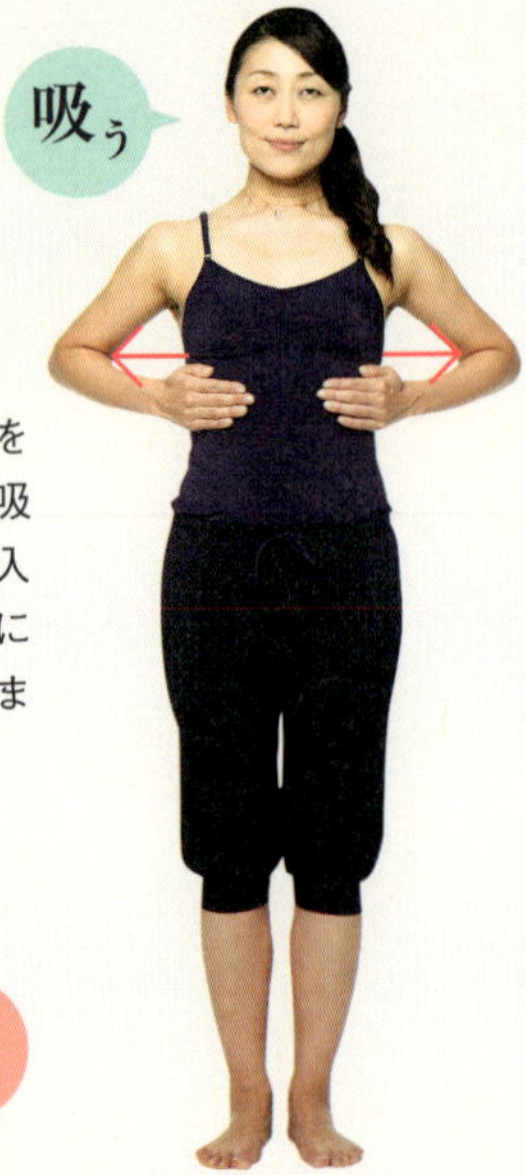

1

鼻から息を吸いながら肋骨を左右に広げる

背筋を伸ばして立ち、両手を肋骨にあてる。鼻から息を吸いながら、背中まで空気を入れるイメージで肋骨を左右に広げる。お腹はへこませたままで行うこと。

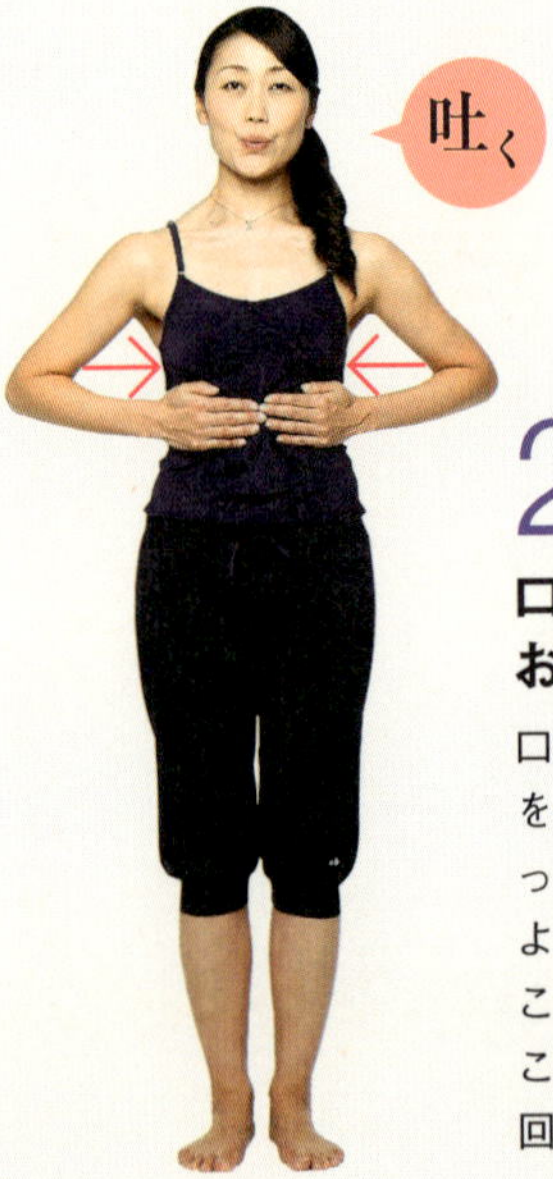

2

口から息を吐きながらお腹をへこませる

口から息を吐きながら、肋骨を中央に寄せる。息を吐ききったとき、体が前に倒れないように注意。次に、お腹をへこませたまま、また1に戻る。この胸式呼吸をゆっくりと5回。

意識したいポイント

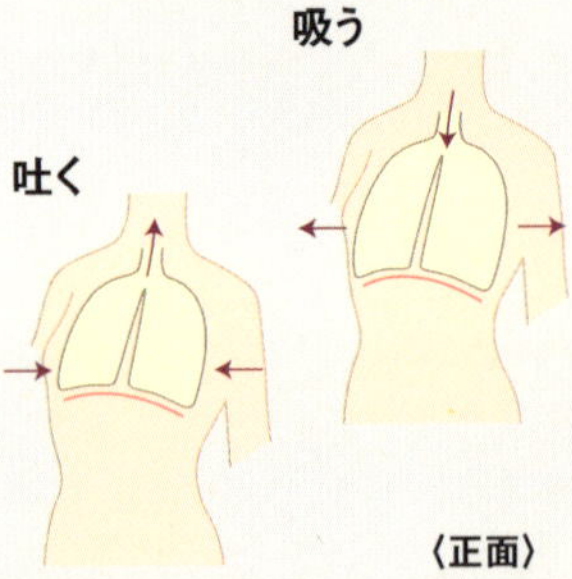

胸式呼吸は、息を吸ったときに胸郭を大きく広げ、吐くときに胸郭を狭める呼吸法。お腹をへこませた〝ドローイン〟の状態で行うと、さらに胸郭への意識が高まり、腹横筋や横隔膜への刺激がアップ。肩をすくめず、肩甲骨をしっかり引き下げて行うことがポイント。

2つの呼吸は、ラジオ体操の前に行うと運動効果が高まります。ぜひやってみてください!

Chapter III

大人のラジオ体操

第2にトライ!

第1がマスターできたら第2にトライ。
若さとは「しなやか」で「強い」こと。
第2のテーマは「強さとしなやかさ」です。
少しハードな動きですが、テンポに遅れず、
ポイントを参考にして無理をせず楽しく行いましょう。

ラジオ体操第2を行うときの注意点

**激しくて素早い動きが多いラジオ体操第2。体操をするときに、
特に注意していただきたいことをまとめました。
もちろん、P18の基本的なポイントもしっかり押さえたうえで行ってください。**

1 ハードな動きが多いので、無理のない範囲で行いましょう

ラジオ体操第2は、脊椎や体幹を強くする大きな動きが多く入っています。首や腰に痛みを感じる人は無理をしないようにしましょう。小学生の頃にできていたからといって、過信してはいけません！　急に体を大きく動かすと、痛みが出る場合がありますので、日常的に運動をしていない方は特に気をつけて行ってください。

2 テンポがずれないように、〝はじめの姿勢〟と〝終わりの姿勢〟をしっかり取りましょう

ラジオ体操の動きは最初から最後まで止まりません。特に第2は動きが大きく速いものが多いので、プリパレーション（準備姿勢）を意識するとテンポに合わせて行えます。

3 似ているようでちょっと違う！ラジオ体操第1の動きとの違いを確認しましょう

どうしても第1と第2が混乱してしまうという方のために、各順番に対応するラジオ体操第1の動きを紹介。比較しながらやると楽しさも倍増！　これであなたもラジオ体操マスターです!!

第2-1 DVD

全身をゆする運動

全身の血行アップ&リラックス

難易度

★☆☆☆

自然な呼吸で

はじめの姿勢

かかとを床につけ、背筋を伸ばして立つ。

肩の力を抜く
フワッ フワッ
つま先のバネを使って

ひざ、つま先をバネにして、全身を8回ゆする。

やりがちNG

肩に力が入っていると手がまっすぐのまま。これでは全身がほぐれず、手先まで血行が促進されません。

終わりの姿勢

腕を胸の前で交差させ、手は軽く握る。

第1-1とここが違う!

第1では伸びの運動で姿勢や呼吸を意識しましたが、第2では全身の緊張をほぐし運動の準備をします。

ジャンプでないことに注意。まずは全身をほぐす

軽く上下に全身をゆすります。肩の力を抜くと自然と腕がぶらぶらと動きます。背中は丸くせず、足先とひざをバネのように使いましょう。大きなジャンプではありません。しなやかに軽く上下運動し、これからの運動に備えます。ボクシングやテニスの選手が動く前に体を軽くゆすっている、あの姿をイメージして行いましょう。

第2-2 DVD

腕と脚を一気にストレッチ！

腕と脚を曲げ伸ばす運動

難易度 ★★★☆

1

腕を横から上に大きく振り上げ、かかとを上げる。

手の平は前に向ける
かかとを思いっきり高く上げる

はじめの姿勢

腕を胸の前で交差させ、手は軽く握る。かかとは床につける。

自然な呼吸で

ゴリラではなく猫の動き。腕の上下運動がポイント

　腕の上下運動と、下半身の屈伸動作とを一緒に行います。第2といえばこのポーズが印象的ですが、実はこの動きこそ間違って覚えている人がほとんど！　腕を曲げたときにゴリラのように力を入れず、拳は前向きに猫のようにして、リズミカルに動かします。曲げることよりも前に向けた拳を一本のレールを上下させるように全身を素早くバウンスさせます。伸ばすことを意識すると、しなやかで若々しい体作りに効果的。腕を上下させる直線的な動きによって、肩甲骨まわりの筋肉もほぐれます。

　また、脚の動きが第1とは異なります。はじめの姿勢はかかとをつけてから開始し、背伸びと同時にかかとを上げます。腕の曲げ伸ばしに合わせてかかとを少し上下させたら、最後にかかとを下ろします。

3 腕を横から振り下ろして、胸の前で交差させると同時に、かかとを下ろす。1～3を4回繰り返す。

下ろす

2 かかとは上げたまま、腕と脚の曲げ伸ばしを2回行う。伸ばすときは、ひじとひざがしっかり伸びるように。

上まで
しっかり
伸ばす
手の平は
前向きの
まま
上げたまま

終わりの姿勢

最後は腕を交差させずに、前に上げる。

ゴリラポーズ
やりがちNG

手の平を内側に向けたゴリラポーズ。腕を曲げたときに力を入れるのではなく、しっかりと腕を上下させることを意識して。

第1-2とここが違う!

第1では腕は振るだけでしたが、第2では、腕と脚を同時に曲げ伸ばします。

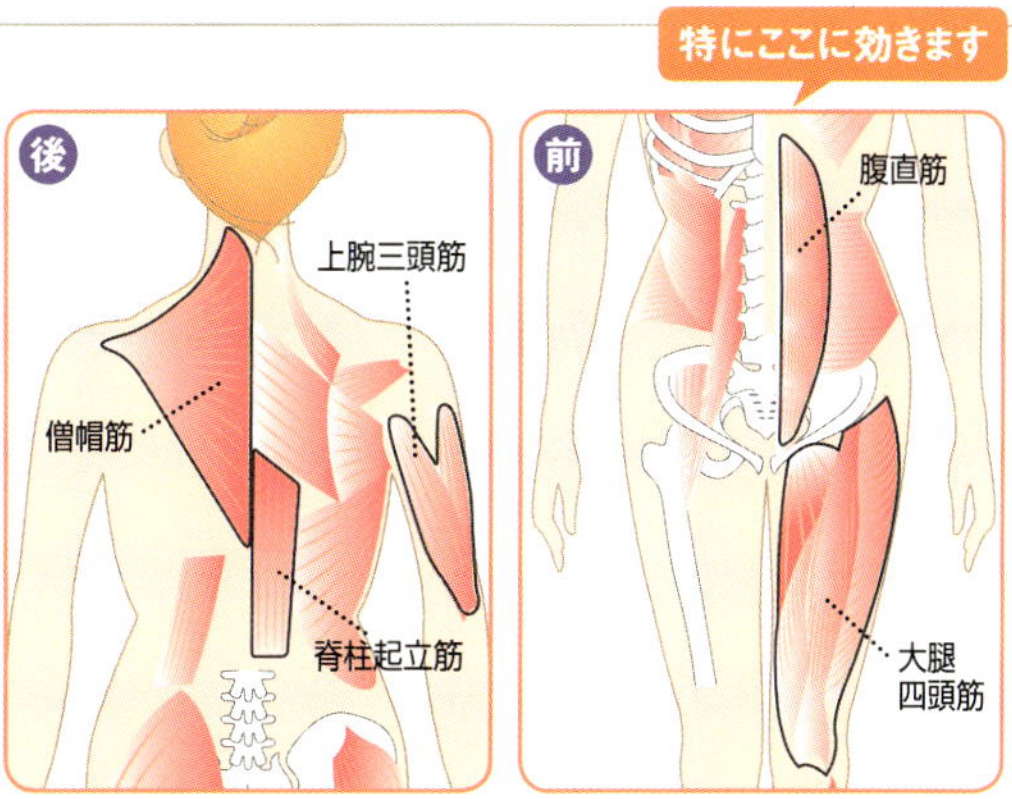

特にここに効きます
後
上腕三頭筋
僧帽筋
脊柱起立筋
前
腹直筋
大腿
四頭筋

その他、腓腹筋、ひらめ筋

第2-
3
DVD

腕を前から開き、回す運動

肩甲骨のさびつきを防ぎ、肩こり解消

難易度

★★☆☆

はじめの姿勢

腕を前に上げ、手を軽く握る。手の平は内側に向ける。

1

腕を前から横に大きく開く。

2

反動を使って、腕を横から素早く前に戻す。

肩甲骨の動きを保って若々しい体を手に入れよう

肩こりや肩関節を痛める原因の一つに、体幹の弱さや肩関節や肩甲骨の可動域の低下があります。この3番の動きでは、肩関節を外転・伸展・挙上《きょじょう》・回旋といった動きでまんべんなく回しながら肩甲骨を動かしていきます。

腕を横に開くときには大胸筋がストレッチしながら鍛えられます。また回すときには僧帽筋《そうぼうきん》や菱形筋《りょうけいきん》といった肩甲骨まわりの筋肉がほぐれるストレッチ効果があります。

手が体の遠くを通るようなイメージで、遠心力も利用しながら行いますが、このときに体の軸となる体幹がぐらぐらしないように気をつけましょう。

やりがちNG

体幹がぐらぐらすると、かえって腕や肩を痛めてしまいます。

3

腕を前から後ろに振り下ろす。

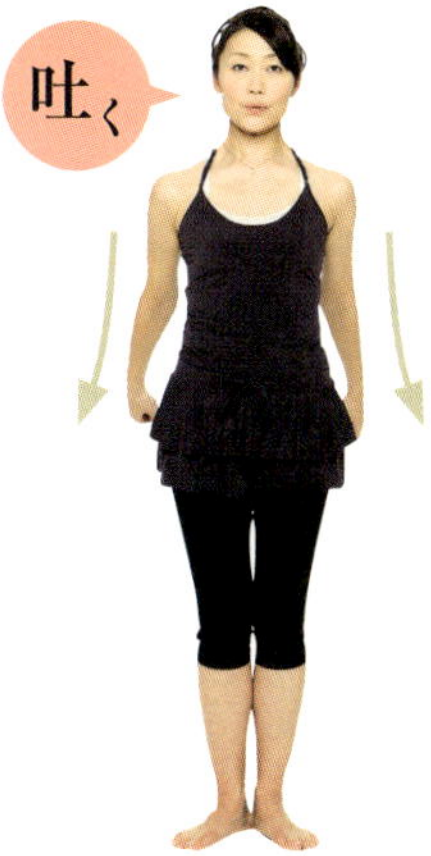
吐く

4

腕を前に振り上げて、そのまま後ろへ大きく回す。1～4を4回繰り返す。

手が体の遠くを通るように
吸う

終わりの姿勢

振り下ろした腕を胸の前で交差させながら、左足を横に踏み出す。

痛みがある人は

肩が痛くて腕が上がらない人や、猫背で腕が後ろに回せない人は、ひじを曲げてもOK。ひじで円を描くように行いましょう。

第1-3とここが違う！

第1では腕は横にだけ回しましたが、第2では前後左右に動かします。

特にここに効きます

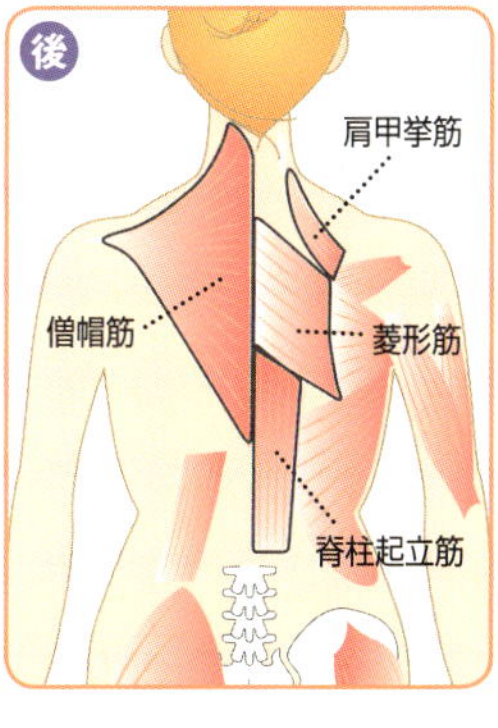
後
肩甲挙筋
僧帽筋
菱形筋
脊柱起立筋

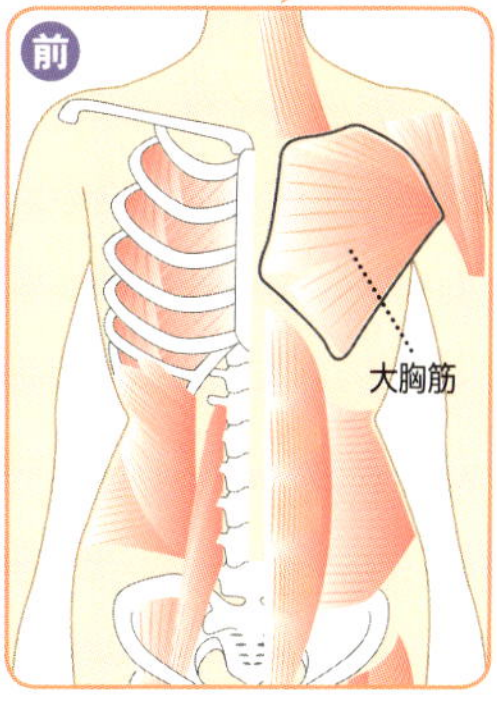
前
大胸筋

第2-
4
DVD

胸を反らす運動

胸を開いて猫背解消、上向きバスト！

難易度
★★☆☆

はじめの姿勢

足を肩幅に開き、腕を胸の前で交差させる。手は軽く握る。

1 腕を斜め上に上げ、息を大きく吸いながら胸を反らせる。

ゆっくり
大きく吸う
胸を大きく開く

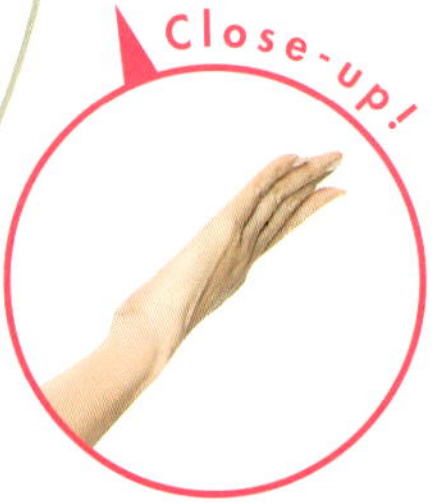

Close-up!
手の平は上向き

前側での作業が多い現代人

現代人が陥りがちな「前肩猫背」を一掃！

現代人は前側の作業が多く、肩が前のめりになることで自然に猫背になり、それによって胸が圧迫されて呼吸も浅くなります。それだけでストレスの原因になるばかりか、胸郭が下を向くために女性は下向きバスト、男性は胸板の薄い「くたびれた」印象に。健康のためにも、印象アップのためにもしっかりと胸を広げる習慣はとても大切です。また、Ｐ34を見て「呼吸がしやすい胸郭の位置」を確認してみてください。

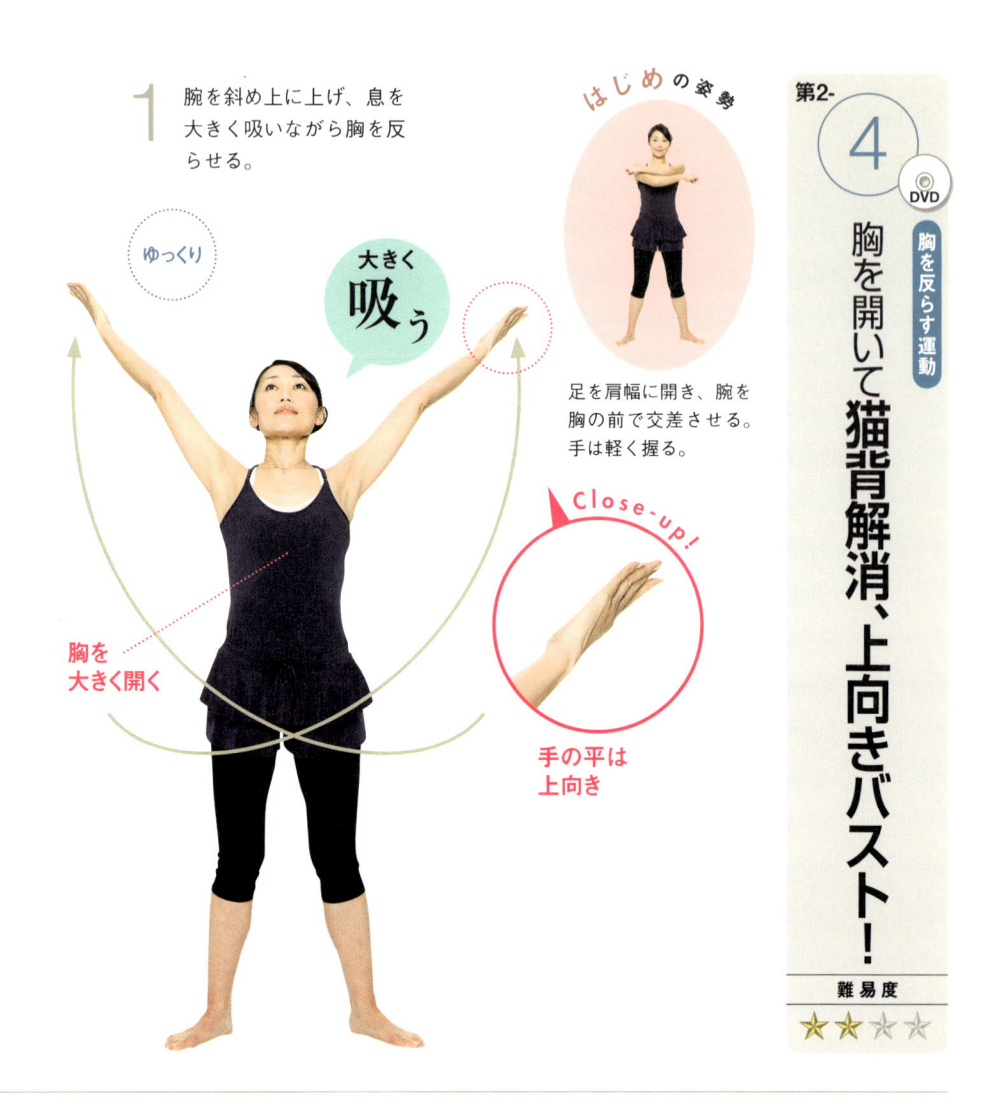

2 息を吐きながら腕を振り下ろし、交差させる。1～2を4回繰り返す。

やりがちNG
グキッ

腰を反りすぎると胸郭がしっかり広がらず、空気が入りません。また、腰を痛めてしまう可能性も。

丁寧に吐ききる
背中を丸める
脱力

終わりの姿勢

上体を起こして、腕を体の横につける。

第1-4とここが違う！

第2では第1よりさらに呼吸を意識します。しっかりと胸を広げて吸い、吐くときはすべての二酸化炭素を吐くような気持ちで。

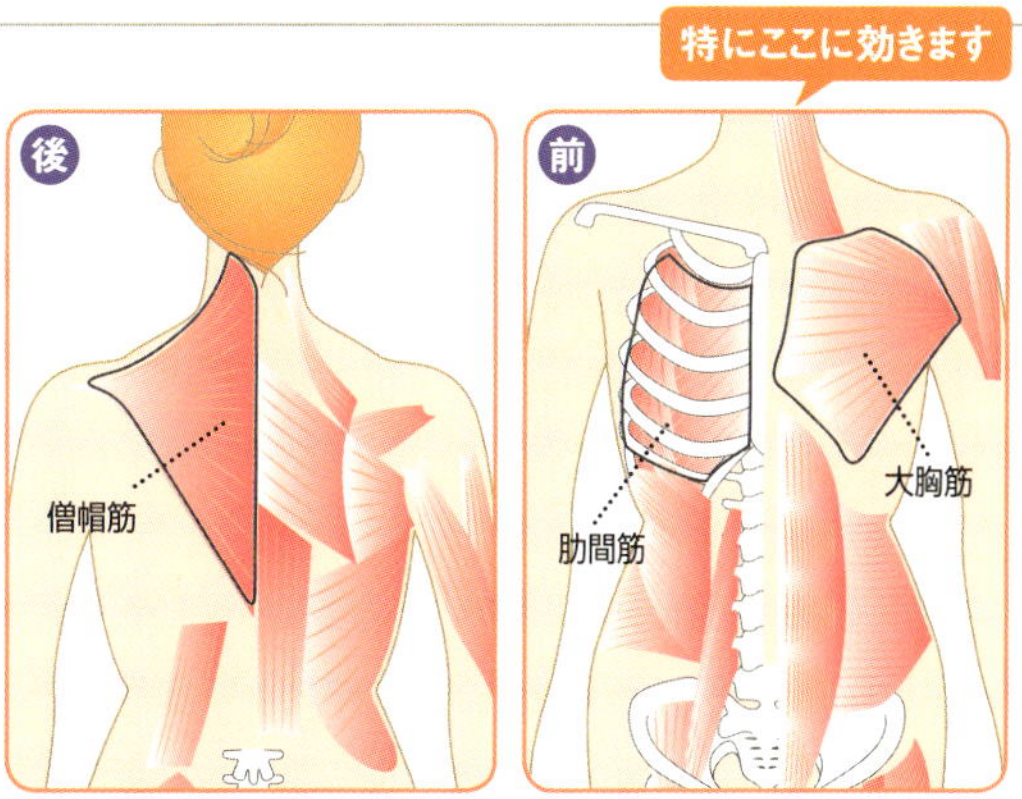

特にここに効きます
後
僧帽筋
前
肋間筋
大胸筋

その他、横隔膜など

第2-5 DVD

体を横に曲げる運動

わき下伸ばしでハミ肉撃退!

難易度 ★★★☆

はじめの姿勢

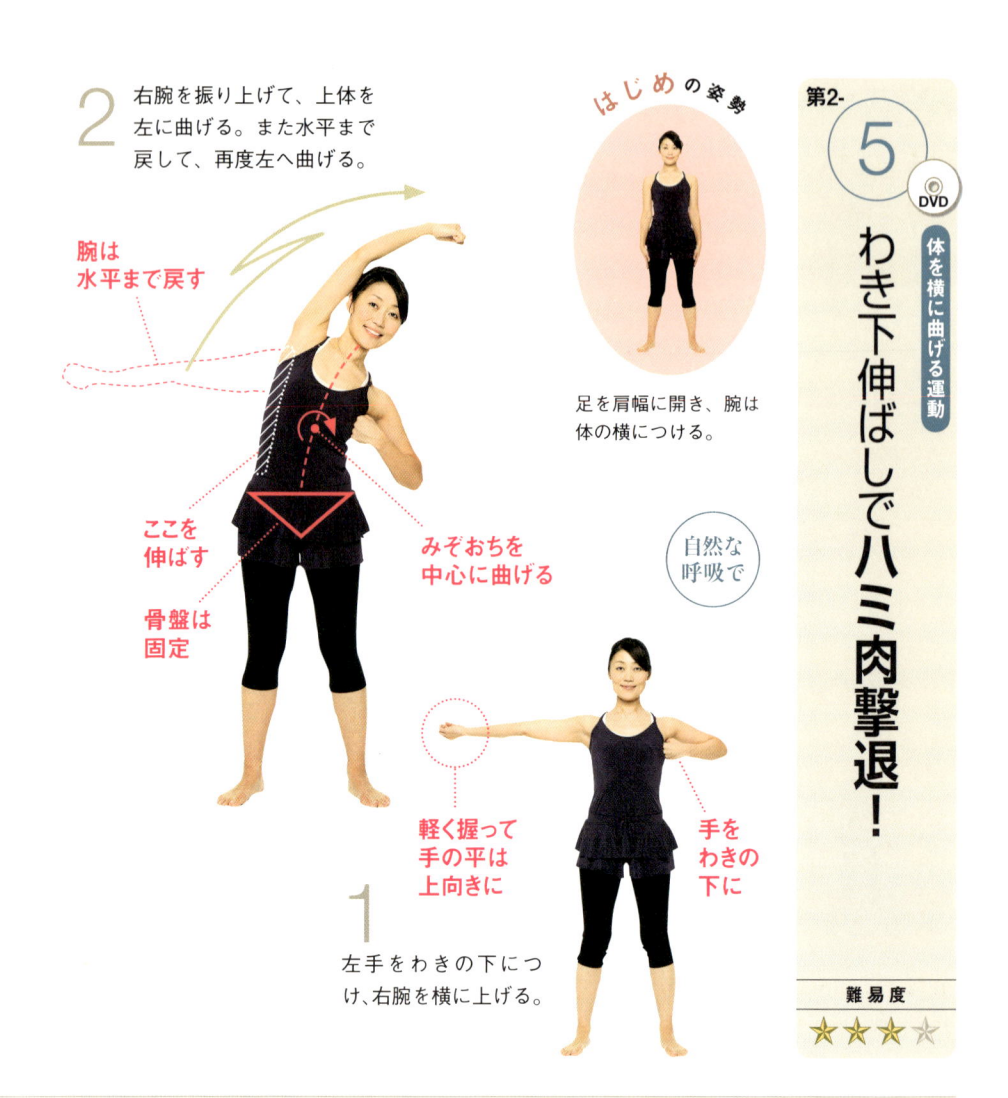

足を肩幅に開き、腕は体の横につける。

自然な呼吸で

軽く握って
手の平は
上向きに
手を
わきの
下に

1
左手をわきの下につけ、右腕を横に上げる。

2
右腕を振り上げて、上体を左に曲げる。また水平まで戻して、再度左へ曲げる。

腕は
水平まで戻す
ここを
伸ばす
骨盤は
固定
みぞおちを
中心に曲げる

わきの下に支点を作るから さらに効く!

わきの下に拳をつけて、そこを支点にするようにして上体を曲げていきます。こうして支点を作り、みぞおちを中心に横に曲げることで、わき腹だけでなくわき下の筋肉まで大きくダイナミックに動かすことができる、体幹側屈のストレッチです。

わきの下は大人になると普段なかなか伸ばさないところです。ここがすっきりしているだけで後ろ姿の印象はグッとアップします。わきの下のポニョッとした「ハミ肉」が気になる方にもおすすめです。

横に曲げたら1回ごとに腕を水平まで戻すと、ストレッチと筋トレ効果が高まります。速い動きですが、コントロールする力をつけると肩まわりの筋肉もしっかりと鍛えられます。

やりがちNG

腰に手をあてても、わきの下は伸びません！　また、骨盤を傾けると効果が半減してしまいます。

3

上体を戻し、両腕を横に伸ばして、太ももの外側を２回たたく。１〜３を逆方向も行い、２回繰り返す。

ポン
ポン

終わりの姿勢

手を軽く握り、両腕を前に上げる。

痛みがある人は

肩が痛くて腕が上がらない人は、ひじを曲げてやってみましょう。

第1-5とここが違う！

第１ではわき腹を伸ばしましたが、第２ではわき下まで背骨を柔らかくして伸ばします。

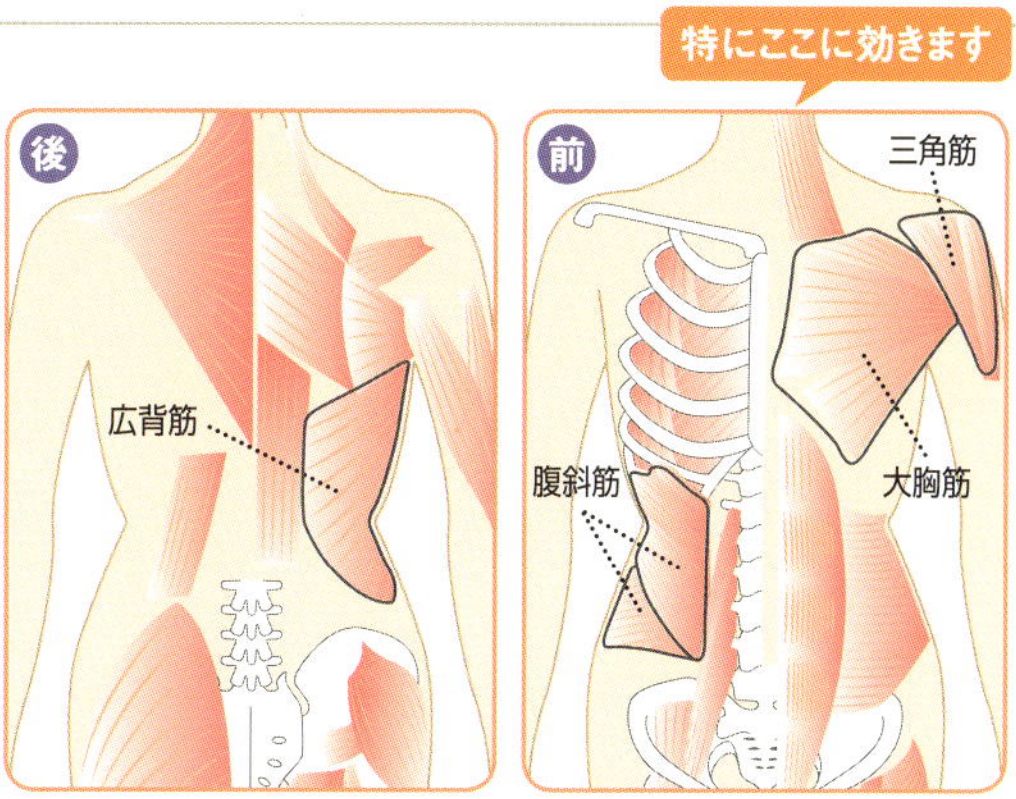
特にここに効きます
後
広背筋
前
三角筋
大胸筋
腹斜筋

第2-6 DVD

体を前後に曲げる運動

腰椎をコントロールして姿勢美人&疲れにくい体に

難易度

★★★★

自然な呼吸で

はじめの姿勢

手を軽く握り、両腕を前に上げる。

1

腕を前から後ろへ振り下ろしながら、その弾みで体を深く2回曲げる。

2

腕を前に振り戻す。

反動をつけて前後に動き、姿勢を支える筋肉を強化！

第1の6番の運動では、あまり前後に反動をつけず、上体を後ろに反らす伸展も手を添えたバックサポートがありました。一方、第2の6番では、自分の腹筋と背筋で前後のダイナミックな動きをコントロールしていきます。腕の反動を利用して体幹の屈曲と伸展を行うバリスティックストレッチ（P68参照）です。

脊椎全体と肩甲骨をしなやかに大きく前後に動かし、姿勢を支える筋肉を前後両方から高めていく効果で、姿勢を保つ筋肉のバランスが整って姿勢美人になり、同時に姿勢筋が鍛えられることで疲れにくい体を作ります。

やりがちNG

ひざを曲げてしまうと腰椎のコントロールができない。

3

腕を後ろに振り上げて、体を後ろに反らせる。1～3を４回繰り返す。

ひざは
曲げない

終わりの姿勢

上体を戻し、腕を体の横に下ろしてから、前に上げる。

痛みがある人は

以下の人は、弾みをあまりつけず、反りすぎないように注意。上に伸び上がる程度でＯＫです。

・腰椎椎間板ヘルニア
・腰部脊柱管狭窄症
・そのほかの腰痛疾患

上へ

第1-6とここが違う！

運動効果は第１とほぼ同じですが、第２は弾みをつけた大きな動きを、前後でコントロールする筋力をより強くします。

特にここに効きます

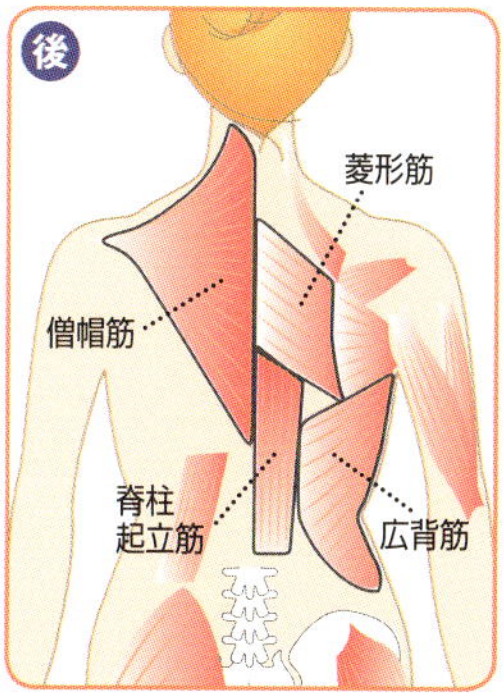
後
菱形筋
僧帽筋
脊柱
起立筋
広背筋

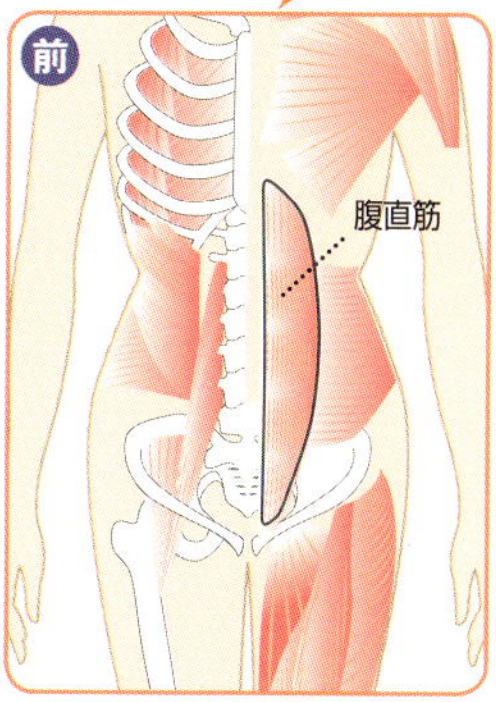
前
腹直筋

第2-7 DVD

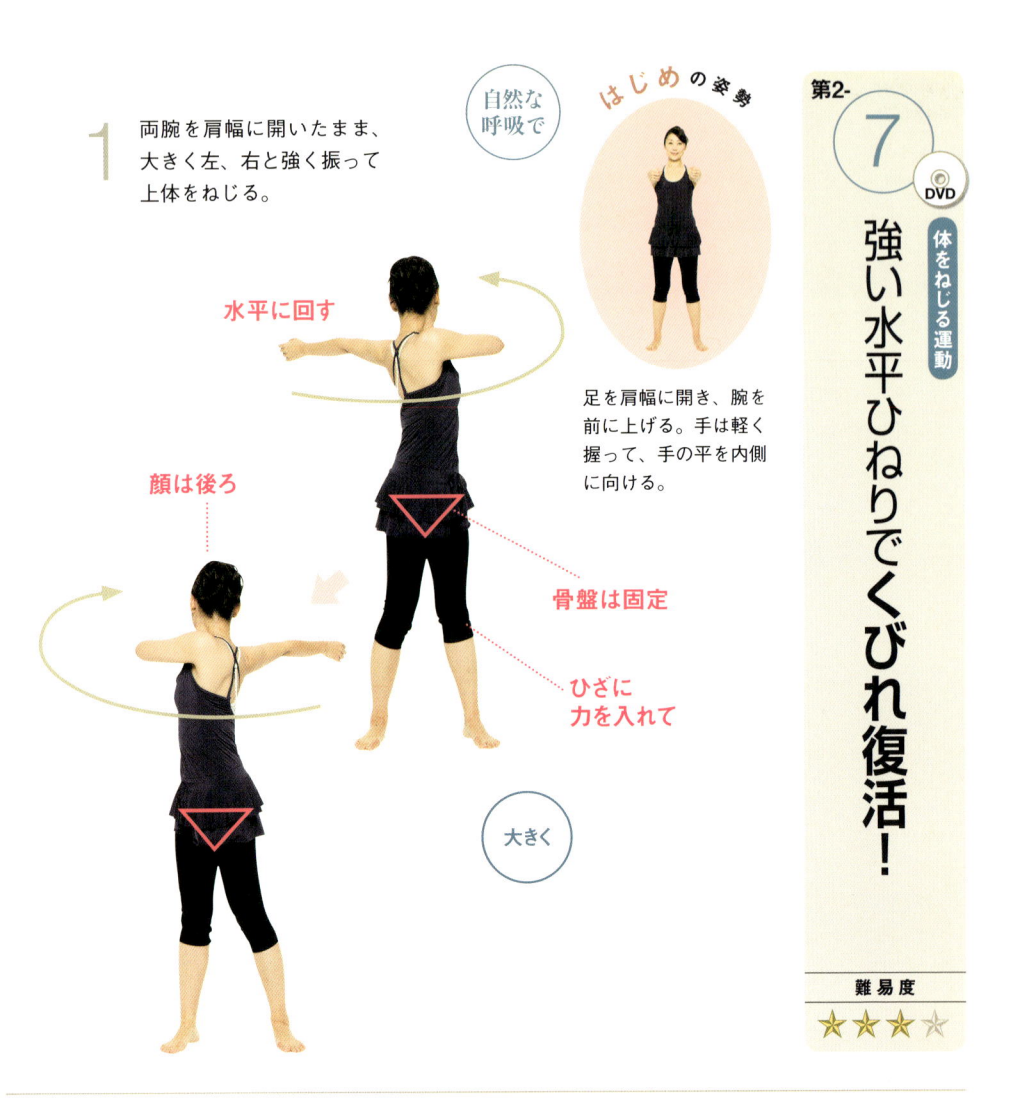

体をねじる運動

強い水平ひねりでくびれ復活！

難易度 ★★★☆

はじめの姿勢

自然な呼吸で

足を肩幅に開き、腕を前に上げる。手は軽く握って、手の平を内側に向ける。

1 両腕を肩幅に開いたまま、大きく左、右と強く振って上体をねじる。

水平に回す
顔は後ろ
骨盤は固定
ひざに力を入れて
大きく

腕の水平回旋が体幹を鍛え、くびれを作る！

骨格の性質上、脊椎が回旋するのに重要なのは、実は「腰椎」ではなく胸の「胸椎」の部分です。運動効果は第1の7番とほぼ同じですが、腰を固定して肩を水平回旋させることで、体幹の回旋ストレッチ効果が得られます。

第1では腕と肩は斜めに90°程度の回旋でしたが、第2では180°近く水平に回し、より効果的にウエスト部分の内・外腹斜筋や脊柱起立筋などを鍛えていきます。

ポイントは骨盤やひざを固定する気持ちで行うこと。遠心力が大きいため、よりパワーを必要とする運動となりますが、勢いに負けて骨盤ごと上半身が回ってしまうと脊椎がねじれず、効果的に鍛えられません。リズムから遅れてしまう人は、勢いに負けているので、特にこのポイントを意識して行ってください。

やりがちNG

下半身まで回してしまうと脊椎がねじれず体幹の筋力が鍛えられません。また、第２では腕は斜め上ではなく水平に振ります。

2

腕を体に巻きつけるように、左、右と軽く振る。１～２を４回繰り返す。

顔は正面

小さく

終わりの姿勢

足を閉じて、腕は体の横につける。

ハードすぎる人は

ハードすぎてできない人、テンポから遅れてしまう人は、腕を振る角度を小さくしたり、ひじを軽く曲げてやってみましょう。

第１-７とここが違う！

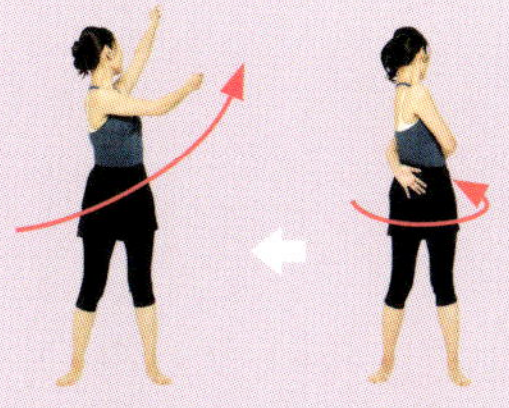

第１では小さな振りから始め、大きな振りで腕を斜めに上げましたが、第２では水平に大きな振りから始めます。

特にここに効きます

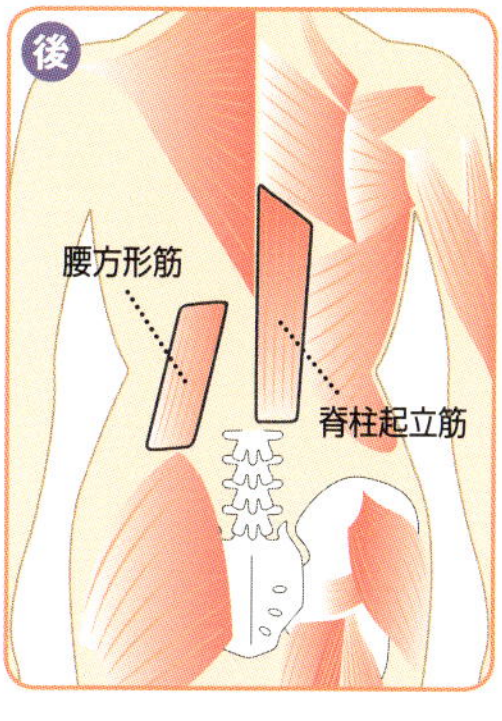

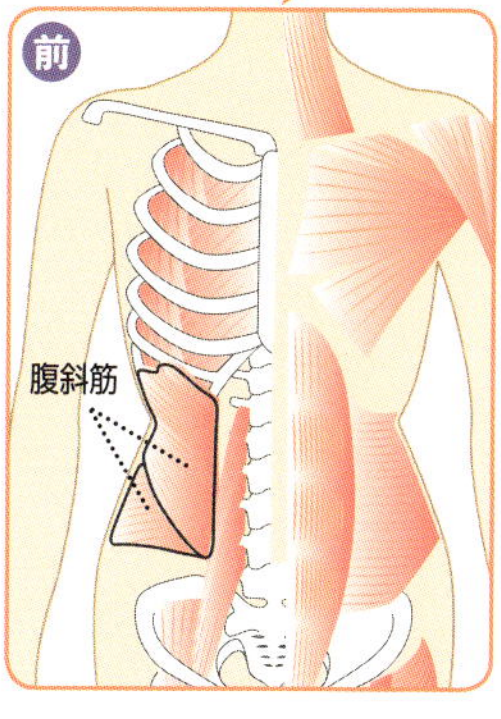

第2-8 DVD

片脚跳びとかけ足・足踏み運動

腸腰筋を刺激して ぽっこりお腹解消！

難易度 ★★★☆

はじめの姿勢

右脚を軽く引き上げる。

真上に
骨盤を傾けないように
ももをしっかり上げる
大きく
自然な呼吸で

1 左脚を高く引き上げて、右脚で大きく2回跳ぶ。

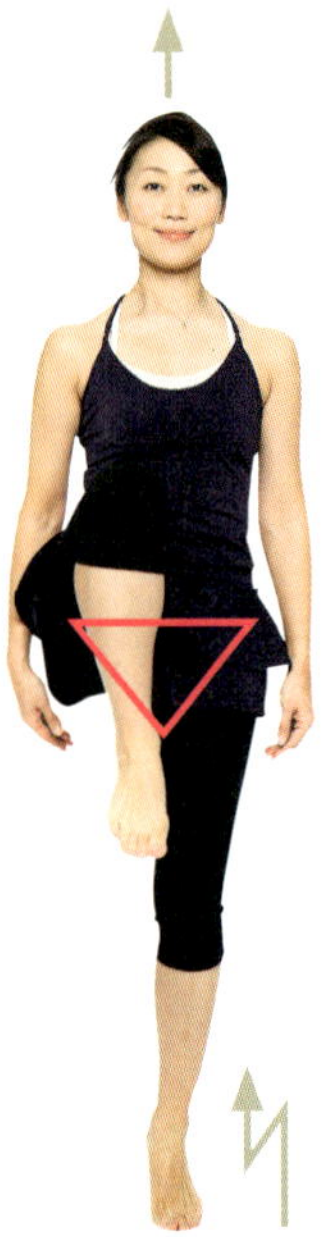

2 右脚を高く引き上げて、左脚で大きく2回跳ぶ。

インナーマッスルの腸腰筋でお腹スッキリ美姿勢に！

腸腰筋《ちょうようきん》はお腹の奥にある大きな姿勢筋。この筋肉が弱くなると骨盤が後ろに傾き、ぽっこりお腹の原因に。逆に、ここを鍛えると代謝アップも期待できます。

歩行は片足立ちの連続です。体幹の筋力がないと荷重軸がぶれて、美しくないばかりか痛みの原因にもなります。この運動で、左右の骨盤を傾けたり頭が左右にぶれたりしないように気をつけると、美しく歩く筋肉が養われます。

やりにくい人は

椅子に座って、ひざを交互に体に引きつけると、腸腰筋のトレーニングに。

3 その場で4回、軽快に足踏みをする。1～3を2回繰り返す。

やりがちNG

骨盤が傾かないように気をつけましょう。

猫背になると、腸腰筋がしっかり働きません。

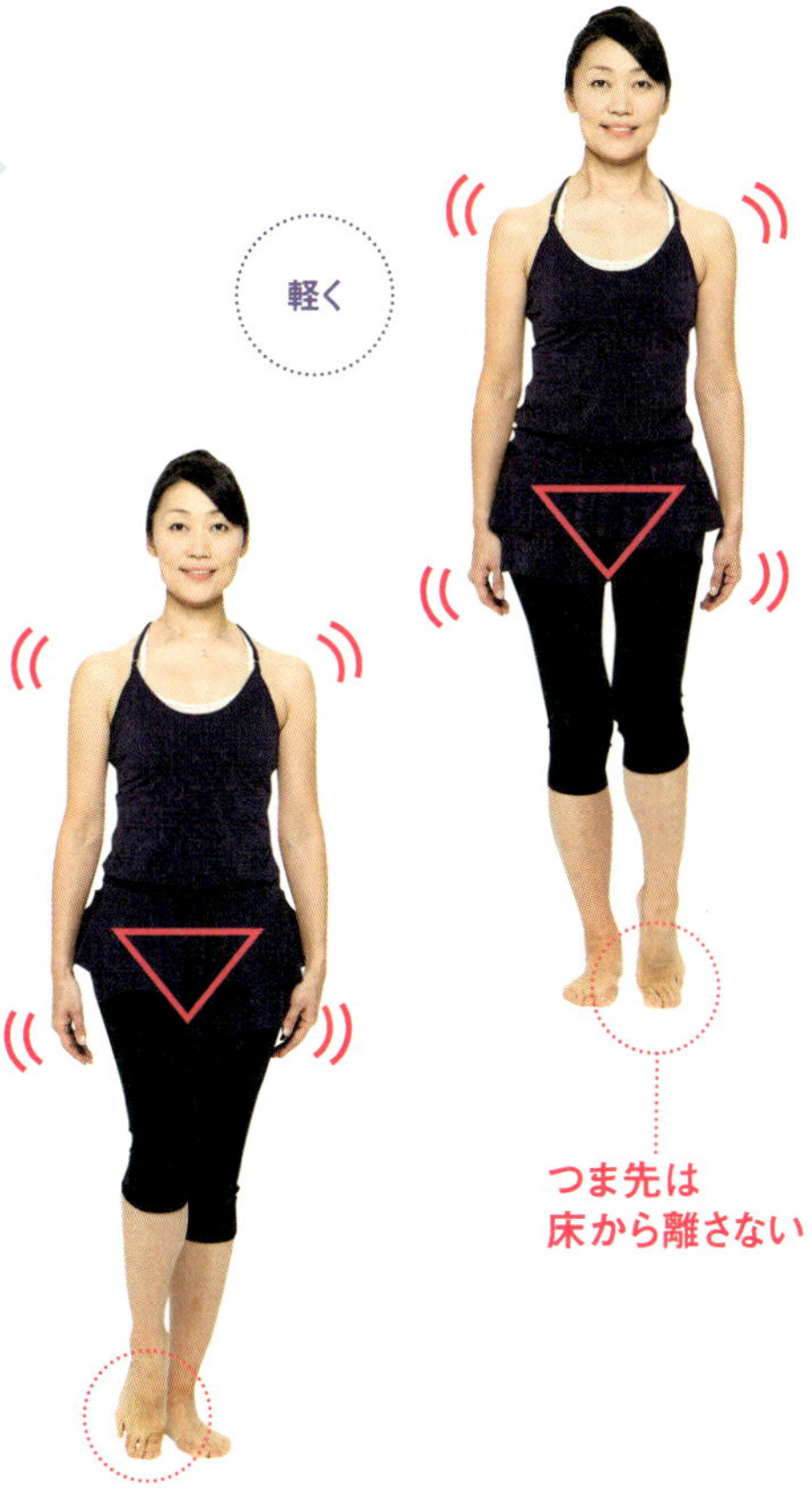
軽く
つま先は
床から離さない

終わりの姿勢

足を閉じて、腕は体の横につける。

第1-8とここが違う！

第1では腕を上下に伸ばして姿勢を正し、パワーをつける運動でした。第2では姿勢を保ったまま片脚を引き寄せる高難度の運動になります。

特にここに効きます

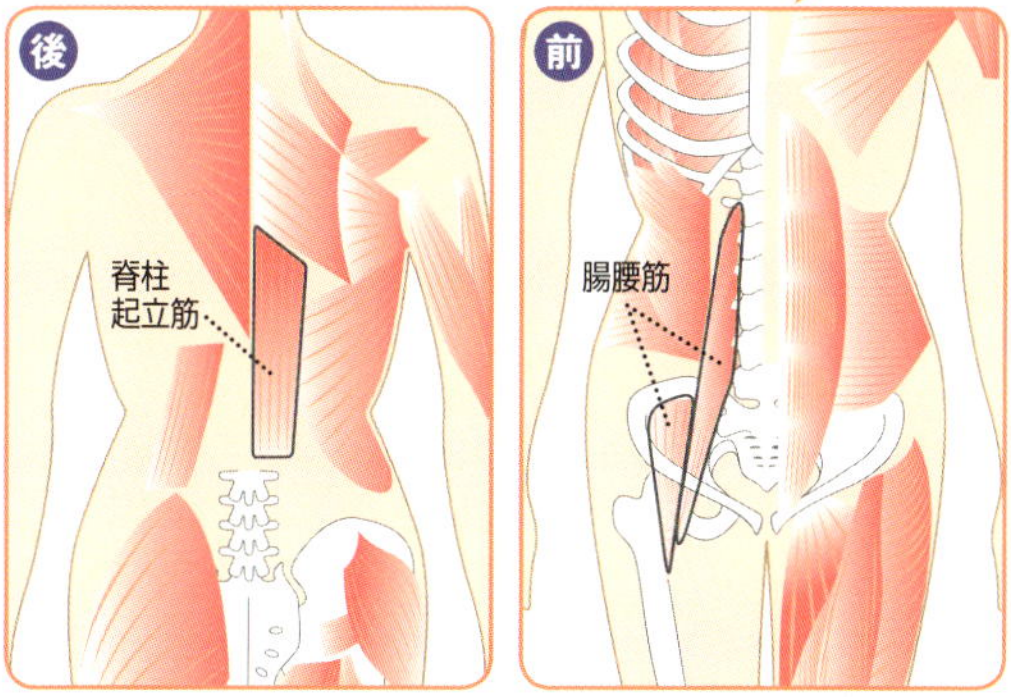
後
脊柱
起立筋
前
腸腰筋

第2-9

DVD

体をねじり反らせて斜め下に曲げる運動

複雑&速い動きで、強くてしなやかな体幹に！

難易度

★★★★

はじめの姿勢

左足を横に出し、両腕を右側に上げる。

1 腕を右から左へ振り回す。

複雑で最難度の動き。これができれば後は簡単！

第1では、9番の体を斜め下に曲げる動きでもも裏を伸ばし、10番で体を回しましたが、第2ではこの2つの動きを一連の動作で行います。第2の中で最も複雑な最高難度エレメントです。

ただし、第1の10番とは少し異なり、体を回すときは腰を大きく動かさずに、上半身だけをクルッと回していきます。あまり大きく回すと、リズムから遅れて次の動きに間に合わなくなるので気をつけましょう。また、体を斜め下に2度曲げたら、素早く逆側へ起こすこともポイント。複雑で高度な動きをコントロールすることで、強くてしなやかな体幹を作ります。

この動きは、昔懐かしい「ヒーローの変身ポーズ」に似ていますね。私は「へ〜んしん、ストンストン」と心の中でつぶやきながら楽しくやっています！

2

腕を体の上方まで上げたら、腰をねじって上体を右側に向ける。

クルッ
腰をねじる

3

上体を脱力して、右斜め下に２回曲げる。

吐く
吐く

4

上体を起こして、両腕を左側へ上げる。１～３を逆側も行い、２回繰り返す。

吸う
素早く
逆側へ

やりがちNG
右
??
右

３で２回バウンスした後、同じ側へ体を起こすと、永遠のループにハマってしまうので、要注意！

終わりの姿勢

上体を前に倒して、腕を後ろに上げる。

第1-9とここが違う！

第1-10
第1-9

第２の９番は、第１の９番の体を斜め下に曲げる動きと、第１の10番の回旋運動を組み合わせた動きです。

特にここに効きます

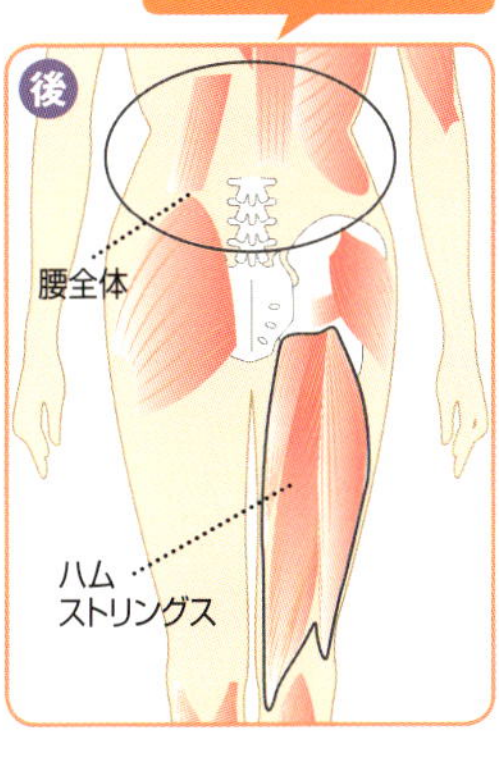
後
腰全体
ハム
ストリングス

第2-10 DVD

体を倒す運動

背筋力アップで若返り！

難易度 ★★★★

はじめの姿勢

上体を前に倒して、腕を後ろに上げる。

自然な呼吸で

1 腕を前に大きく振り上げる。

背中に溝を作るように
股関節から曲げる
大きく

後ろまで大きく引く
大きく

2 腕を大きく後ろに振り戻す。

背中の中心に溝を作るように行うのがポイント！

上半身を股関節からまっすぐに倒してキープ。腕の反動を使って背筋を強くします。体幹を後ろから支える背筋の強さは若さの象徴です。腕の振りに負けて背中を丸めてしまわずに、背中の真ん中に溝を作るようにしっかりと固定するような気持ちで行いましょう。

また一度体を起こすときは、上半身を丸めずに股関節を使って起こしていきます。この動きを行うことで、腰に負担をかけずに体を倒す・起こすという巧みさの能力が高まります。

★こんなことにも効果あり！

この運動はコッドマン体操という肩のリハビリの運動によく似た動きです。肩を前後に動かすことで、肩の可動域もアップします。

起き
上がる

5

腕を振り上げながら、一度上体を起こし、すぐに腕を振り下ろしながら上体を倒し、1～4を行う。

3

腕を前に小さく振り上げる。

小さく

終わりの姿勢

足を閉じて、腕は体の横につける。

大きく

4

腕を大きく後ろに振り戻したら、1～2を行い5へ。

第1-10とここが違う！

第1の10番は体を回す運動でした。第2では、9番で既に体を回したので、10番では背筋力アップの運動が追加されています。

特にここに効きます

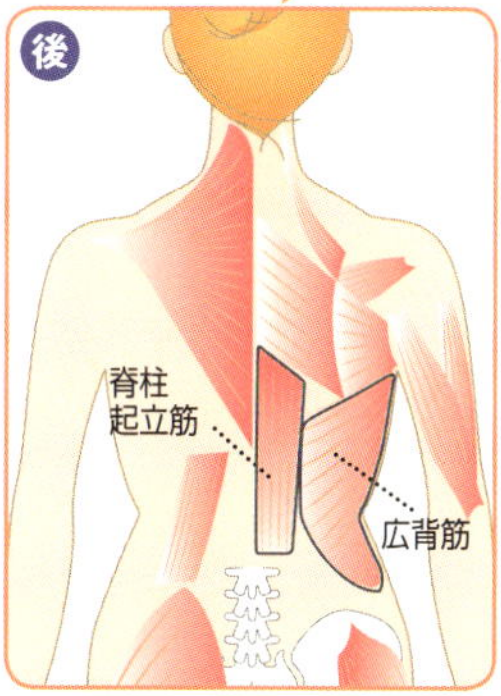
後
脊柱
起立筋
広背筋

第2-11 DVD

両脚で跳ぶ運動

軽やかジャンプで骨美人

難易度 ★☆☆☆

はじめの姿勢

足を閉じて、腕は体の横につける。

自然な呼吸で

1

両腕を横に上げ、同時に足を開きながら跳ぶ。

4拍子から3拍子の変化で身体反応を養う

第1の11番では、4拍子で閉じたポジションから開始の16呼間行いましたが、第2は3拍子で開いたポジションからの12呼間と、やや短めです。

また、この直前の動きまで4拍子だったのが、ここで急に3拍子のリズムに、さらにこの後の12番の動きでまた4拍子に変わりますが、この変化に対して臨機応変に体を適応させる身体反応の巧みさが身につきます。

強い―弱い―弱いと強弱をつけてリズムよく、つま先を意識して足のクッションを使いながら行いましょう。

また縦方向のほどよい重力刺激が全身の骨代謝を促進し、骨を強くします。

やりがちNG
ドス
ドス

かかとで跳ぶとドスドス音がして衝撃が吸収されず腰痛の原因になるので注意！

2 足を閉じて２回軽く跳ぶ。１～２を４回繰り返す。

肩の力を抜く
軽く
軽く
フワッ
フワッ
柔らかく弾むように跳ぶ

終わりの姿勢

腕を前に上げて、かかとを上げる。

第１-11とここが違う！

強く
軽く

運動効果はほぼ第１と同じです。小さなジャンプは体をゆするように。

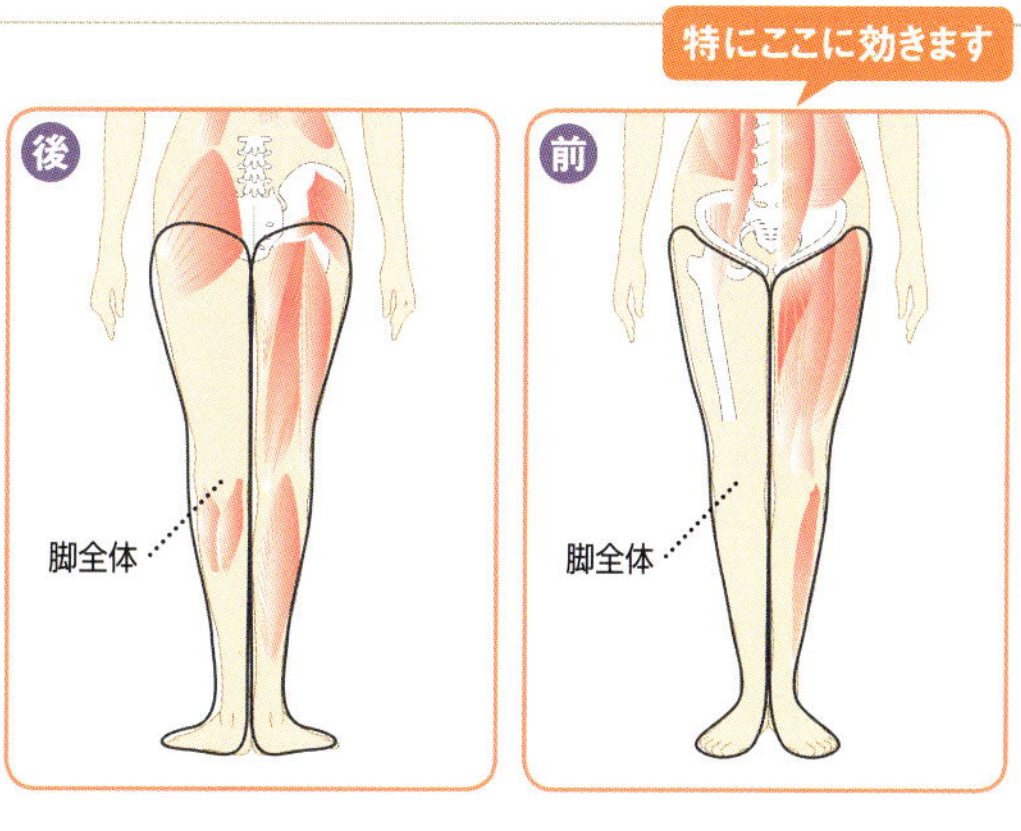
特にここに効きます
後
脚全体
前
脚全体

第2-12 DVD

手足をほぐして疲労解消！

腕を振って脚を曲げ伸ばす運動

難易度 ★★☆☆

はじめの姿勢

腕を前に上げて、かかとを上げる。

自然な呼吸で

1 腕を前から振り下ろしながら、ひざを横に開く。

腕の力を抜いて、ストンと下ろす
ももの外側に触れる
上げたままキープ

力まずに徐々に筋肉を整えていく

第1では2番と12番は同じ動きでした。一方、第2では2番で行った強い伸びはここではありません。前と横に腕を振り子のように振ってそれまでよく使った腕と脚の緊張をほぐし、血行を促していきます。血行を促すことで、疲れを残さないための整理運動です。

脱力し、重力に任せて腕を振ると、自然に手がももにあたるので、あたったら方向を前後と左右に切り替えて振ります。整理運動ですが、かかとをきちんと上げ、ひざをしっかり伸ばし、最後までよい姿勢を保つことを意識しましょう。

2

ひざを伸ばしながら、
腕を横に開く。

ひざを
伸ばす

上げたまま
キープ

3

腕を横から振り下ろして、前に振り上げながら、かかとを下ろしてすぐ上げる。
1～3を8回繰り返す。

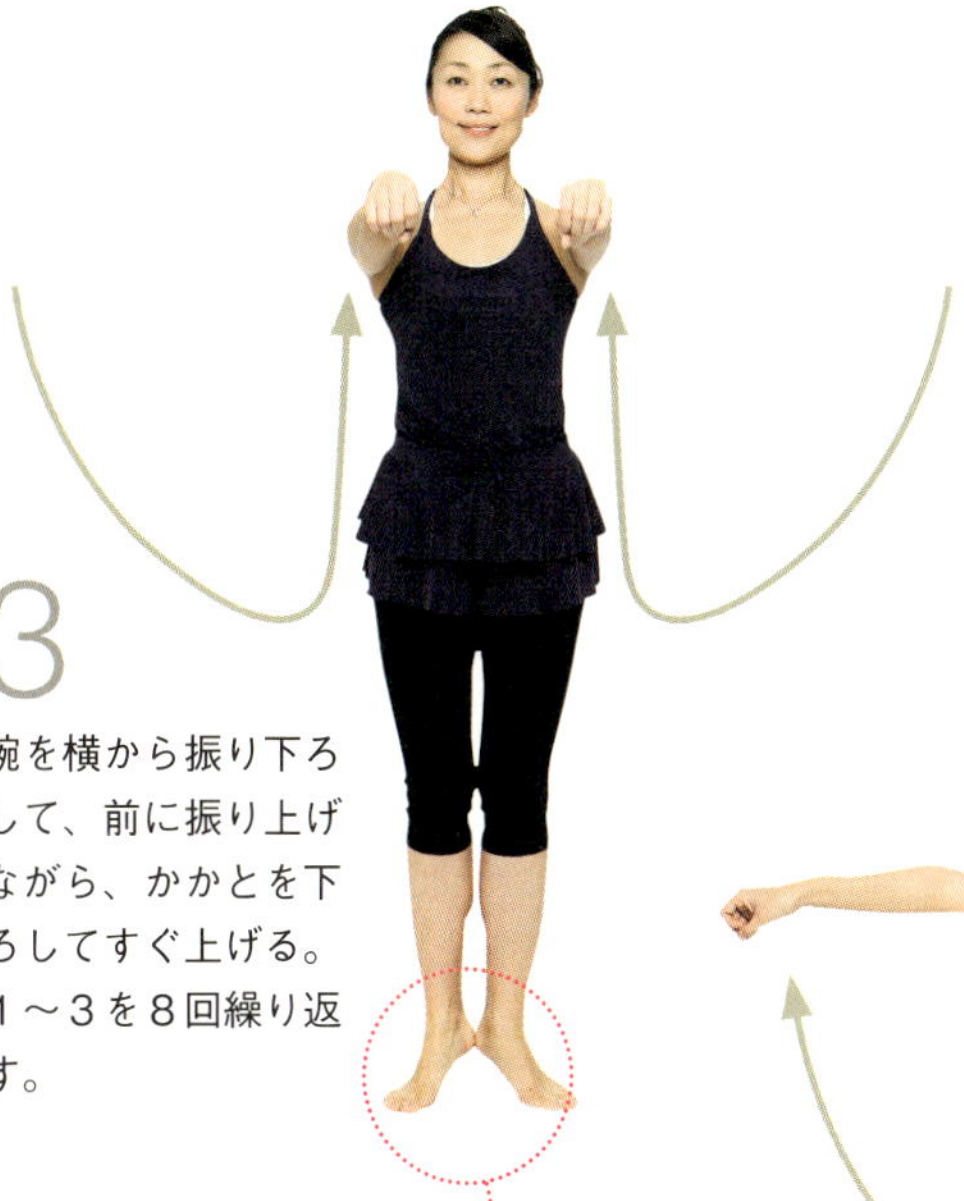

一度下ろして
すぐ上げる

終わりの姿勢

足を閉じて、腕は体の横につける。

第1-12とここが違う！

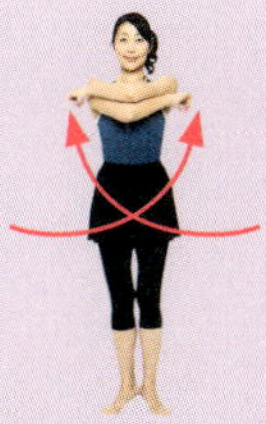

第1では腕を交差させましたが、第2は交差させずに、腕の力を抜いて、前と横に振ります。

特にここに効きます

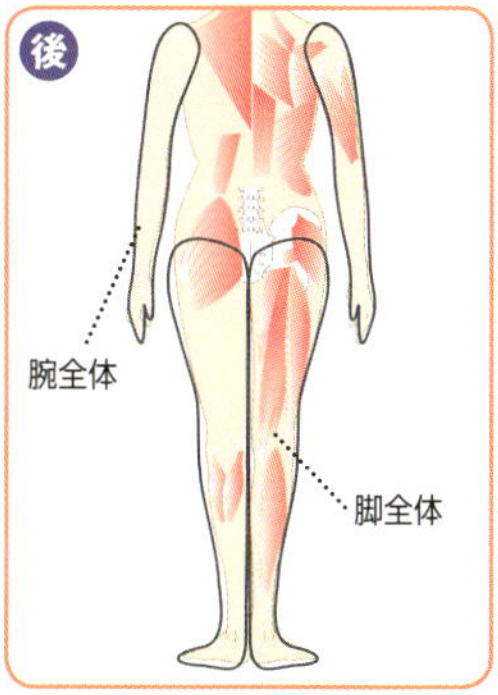

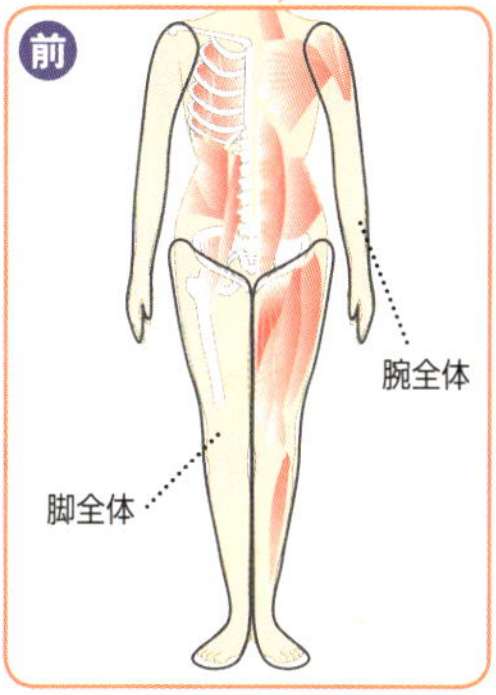

第2-
13
DVD

深呼吸

深い呼吸で幸せホルモンアップ!

難易度
★☆☆☆

はじめの姿勢

足を閉じて、腕は体の横につける。

1 息を大きく吸いながら、腕を前から振り上げる。

指先を伸ばす
大きく吸う
かかとは上げない

やりがちNG

腕を下ろすときに手が体の前を通ると、胸がしっかり開かない。

呼吸を整えて内側から幸せに!

第1の深呼吸との違いは、1回ごとに手の平を外側に向けて胸を広げる動作を行うことです。第2では、体幹の大きな強い動きが多かった分、最後に胸のストレッチと呼吸運動を一緒に行います。また手の平を外側に向ける動作で肩関節が外旋し、自然とよい姿勢に導かれ、体操を終了します。

呼吸は、吸うことではなく吐くことを意識するのがポイントです。ゆっくりと丁寧に息を吐ききることで呼吸筋が強くなり、肺気腫などの予防にもなります。

また深い呼吸はセロトニンの放出を高める効果が期待できます。セロトニンは、うつ予防・快眠・体内リズムの正常化などを高めてくれる幸せホルモンです。

2
息を吐きながら腕を横から下ろして、胸の前で交差させる。

丁寧に
吐ききる
背中を
丸める
脱力

3
息を吸いながら、腕を斜め後ろに開く。

吸う
胸を
しっかり
開く
手の平は
外側に
向ける

吐く

4
息を吐きながら、腕を体の横につける。１〜４を２回繰り返す。

フィニッシュまで
しっかり！

第1-13とここが違う！

第１では腕を真横に下げただけですが、第２では腕をクロスしてしっかり息を吐ききっていきます。より深い呼吸を意識しましょう。

Q 朝と夜、いつやるのが効果的?

A おすすめのタイミングは①朝、②午後3時頃、③入浴前

ラジオ体操を行うと筋肉や脳など全身に血液が巡り、スッキリと体や脳が目覚める効果があります。通常朝起きてから頭が覚醒するまで3時間程度かかると言われていますので、朝行うのが一番おすすめです。また仕事の休憩時間、少し集中力の途切れる午後3時頃などに行うと筋肉が動かされてリフレッシュ効果や集中力アップの効果が期待できます。夜は寝る直前だと目が冴えすぎてしまうことがありますので入浴前に行ってください。

Q 一日何回やればいいの?

A 基本的にはご自身の体調や体力に合わせて

時間を置いて一日2～3回程度が目安ですが、基本的にはご自身の体調に合わせていただいて大丈夫です。健康になるための運動ですので、無理のない範囲で行ってください。

Q 第1と第2は続けてやったほうがいいの?

A 別々にやっても大丈夫!

続けて行うのが大変な方は、第1と第2はそれぞれ時間を置いて別々に行っても大丈夫です。もちろん体力のある人は続けてやってみましょう。

Chapter **IV**

スポーツ医学から見る

ラジオ体操第1と第2

ラジオ体操で実現できる、若々しく
健康で美しい体作り。その効果をスポーツ医学の見地から、
詳しく解説します。

若々しい体作りのコツ

「若々しい」とか「健康的」と言われ嫌な気になる人がいないように、多くの人が若々しく健康でありたいと願っています。また健康な体とは、バランスよく痛みもない、美しい体でもあります。ではどのようにしたらそのような体を保てるでしょう？

その基本のポイントは３つあります。

１　関節が十分に動くこと

２　筋肉がしっかりと動くこと

３　筋肉や関節を協調して十分動かせること

実は日常生活では関節はほんの一部しか使いません。しかし、使っていないと、ドアがきしんだり、さびついて開け閉めができなくなるのと同じように、関節もまた徐々に動きが制限されていきます。

一方筋肉は、その性質上自分から伸びることはできませんので、力強く縮むためには意識してしっかりとゆるめることが大切です。ラジオ体操には**「関節の動きを十分に保つ要素」**、筋肉をしっかりと伸ばす**「ストレッチの要素」**、そして全身の関節と筋肉を自分でコントロールしながら音楽に合わせて上手に動かす**「協調運動」**、という要素が入っていますので、先ほどの３つのポイントをすべて含んでいる、といってよいでしょう。

最初から〝健康〟を目的として作られたラジオ体操

さて、このラジオ体操は正確には「徒手体操」という体操の一種です。「徒手体操」とは、お祭りや軍事から自然発生的に作られた「リズム体操」や「器械体操」などの体操とは異なり、はじめから健康で理想的な体になることを目的に人為的に作られた体操です。日常生活や1つのスポーツでは、関節や筋肉を一部しか使う必要がないために自然と関節の可動域が狭まり、筋肉も偏って体が歪んできてしまいますが、それをまんべんなく動かして整えることを目的としています。

近代の徒手体操の起源は、18世紀に北欧で、音楽家や教育者、舞踏家、医学者とともに育まれました。[※4] 日本の明治期から昭和初期の学校体育教育は、スウェーデンなどを中心とした北欧の徒手体操の影響を大きく受けたと言われています。そして現行のラジオ体操第1と第2は日本国民全員の健康を願って1951年（昭和26年）と52年に制定され、その後長年にわたり日本人の健康作りに寄与しているのです。

※4 浜田靖一著『図説徒手体操』小川書房　昭和31年発行

ストレッチの種類と特長を知って使い分けよう

一方、ストレッチの歴史は比較的新しく、１９７５年にアメリカ人ボブ・アンダーソンの〝ＳＴＲＥＴＣＨＩＮＧ〟によって提唱され、81年に日本に導入され、以後浸透していきました。

ストレッチには、そのやり方によっていくつかの種類があり、大きく２つに分けられます。一つは反動をつけずにゆっくり伸ばしていく**静的なストレッチ（スタティックストレッチ）**、そしてもう一つが動かしながら伸ばしていく**動的なストレッチ（ダイナミックストレッチやバリスティックストレッチ）**です。

スタティックストレッチは筋肉をゆっくり伸ばしていくので、リラックス効果があり、最も安全で簡単な方法です。ダイナミックストレッチは縮む筋肉と伸びる筋肉の関係（相反神経支配）をうまく利用して伸ばすストレッチで、リズミカルに関節を動かすことで神経も刺激していきますので、スポーツの前や途中などによく用いられます。バリスティックストレッチは反動や弾みをつけて筋肉や腱を伸ばしていくストレッチのことで、スポーツのウォームアップによく用いられます。しかし反動が大きすぎると筋肉を傷めてしまうこともあるので注意しながら行う必要があります。

各種ストレッチの特長と短所

種類		特長	短所
静的	**スタティックストレッチ** 	・反動をつけないため伸張反射が起きにくい ・筋肉を傷めにくい ・安全で簡単 伸張反射：筋肉が、長さを自動的に制御する目的で引き伸ばされると、反射的に収縮すること	・時間がかかる ・1ヵ所のストレッチを長時間続けるとかえって筋出力を低下させる
動的	**ダイナミックストレッチ** 	・神経の活動（相反神経支配）を利用しながら筋肉の弾性と関節の可動域を高める ・血液循環が高まる ・スポーツ競技前のウオーミングアップに最適	・不十分な方法では伸張反射を生じてストレッチ効果が十分に得られないことがある
動的	**バリスティックストレッチ** 	・反動や弾みをつけて徐々に筋肉の弾性と関節の可動域を広げる ・パフォーマンス向上のための伸張反射を助長する ・準備的ストレッチ	・可動域を超える急激な反動をつけるとケガのリスクがある

ストレッチとしてのラジオ体操

ストレッチには主に以下のような効果があります。

①血行促進・循環の改善と、それによる疲労解消・冷えの改善
②柔軟性を高める効果
③ケガの予防
④心身のリラックス効果

今のラジオ体操は、ストレッチが導入される約30年前にできた徒手体操ですが、その動きの中には**「動的ストレッチ」の要素がふんだんに含まれています。**ですので、**ラジオ体操に「静的ストレッチ」を上手に組み合わせて行えば、さらに健康や美容のみならずスポーツパフォーマンスの向上などにもよい効果が期待できます。**次の章では「大人のストレッチ」として「スタティックストレッチ（静的ストレッチ）」を中心にご紹介していますので、ぜひラジオ体操とあわせて行ってみてください。

また、ラジオ体操の第1と第2を比較すると、第2では大きく弾みをつける「バリスティックストレッチ」の要素がより多く入っている傾向があります。慣れないうちはいきなり大きな反動をつけすぎずに、自分の可動域の範囲内から徐々に行うことがおすすめです。

ストレッチの効果

血行促進・
循環の改善
↓
疲労解消・
冷えの改善

柔軟性を
高める

ケガの予防

心身の
リラックス

ラジオ体操のストレッチ要素の種類と傾向

	ラジオ体操第1	ラジオ体操第2
1	□～○	○
2	○	○～◇
3	◇	◇
4	○	○
5	○～◇	◆
6	○～◇	◆
7	○～◇	◆
8	○	○
9	◇	◆
10	○	◇
11	（ジャンプ）	（ジャンプ）
12	○	○
13	（深呼吸）	（深呼吸）

□スタティックストレッチ　○ダイナミックストレッチ
◇バリスティックストレッチ　◆強めのバリスティックストレッチ

知っていましたか？　筋力とパワーの違い

体の強さを表現するときに「筋力」と「パワー」という言葉がありますが、この2つの違いをご存じでしょうか？

簡単にご説明すると、「筋力」とは1つの筋が発揮できる力のことを言います。

これに対して「パワー」とは筋力に速度をかけたものになります。つまり、**どれだけ大きな力を速い動きで出せるかが「パワー」**ということになります（P73の囲み参照）。

力を発揮するには、筋肉が伸びて縮む、ということが大切です。筋力は筋肉の長さや断面積（筋肉量）が重要な要素となります。筋肉は自分では縮むことしかできないので、よく縮むことができるように適度に伸ばしてあげることが重要です。またパワーとはより強く、より速く動くということですから、**関節を速く滑らかに動かす「しなやかさ」が必要となってきます**。そのためには、適度な筋トレやストレッチで腱（筋肉と骨をつなぐ組織）をたるまない状態にしておくことが大切です（P73の図参照）。

今や多くの人が「ストレッチは体によい」と認識しています。ではどうして体によいのでしょう？　体が柔らかくなるから？　それとも痩せるから？

筋肉がただ「柔らかくなる」ことと「しなやか」になることは似ているようで違います。そしてただ「痩せる」ことと「引き締まる」ことも似ているようで違います。

若さとは強さとしなやかさを兼ね備えたものです。ただ痩せてハリのない筋肉ではなく、引き締まってしなやかな筋肉をつけることが、若々しく健康で美しい体作りの

基本です。ストレッチも同様に、ただ「伸ばすこと」だけに重きを置くのではなく、伸びて縮む、時には速く動く、という運動を入れていくことが大切です。

強さとしなやかさはラジオ体操全般を通してのテーマともいえるでしょう。ラジオ体操を続けている人に若々しい人が多いのもうなずけますね。

・仕事量（W）＝力（重量）×距離
・パワー（P）＝仕事量（W）/ 時間
＝力（重量）×距離 / 時間
＝力（重量）×速度

筋が力を発揮するメカニズム

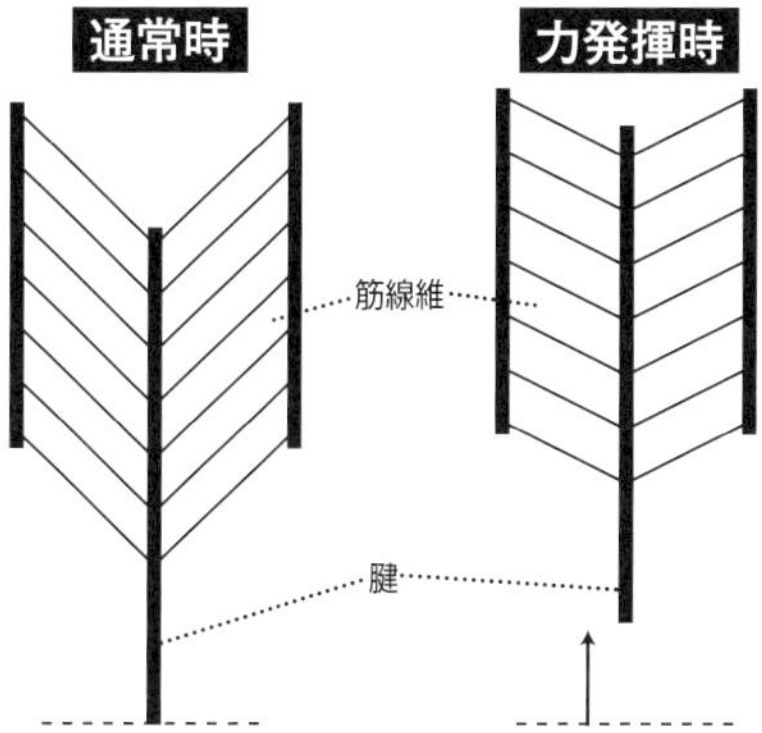

人が力を発揮するとき、筋が収縮して腱が引っ張られることで関節が動く。この腱にたるみがなく、張っている状態だと、反応速度が高まり、瞬発力が向上する。

ストレッチは、眠っている細胞に〝おはよう！〟と、声をかけるようなもの。ラジオ体操とともに習慣に！

東京女子体育大学教授　秋山エリカ先生

私たちは普段の生活で、いつも同じ動作をしていることが多いので、使っていない部分の筋肉が知らず知らずのうちに硬直しています。すると、肩がこったり、体がつっぱったり痛んだりなどといったことが起こります。また、姿勢もくずれて見た目の美しさも損なわれます。これを改善できるのがストレッチです。

粘土は、硬いままだと何も作れませんが、こねて柔らかくすれば自由自在にいろんなものが作れますよね？　体も同じで、硬いままでは動作がしづらいけれど、粘土をこねるようにストレッチで体を柔軟にすれば、さまざまな動作がスムーズになるのです。

ストレッチをして筋肉を伸ばすと、血液循環がよくなります。すると酸素が細胞の隅々に行き渡って、筋肉がほぐれるうえ、体の機能が本来あるべき状態に戻ります。つまりストレッチは、眠っている細胞に〝おはよう！〟と声をかけるようなものなのです。呼吸を意識して行うと、自律神経のバランスが整い、気持ちもスッキリして、イライラやストレスを緩和する効果も期待できます。ストレッチは体だけでなく、思考も柔軟にしてくれるのです。

Profile

1964年福岡県生まれ。東京女子体育大学卒。幼少の頃にバレエを始め、中村学園高校時代に器械体操から新体操に転向。1984年ロサンゼルス五輪、1988年ソウル五輪と2大会連続でオリンピック日本代表に選出される。現在は東京女子体育大学教授。(財)日本体操協会新体操ナショナル強化スタッフ、日本新体操連盟理事として活躍。
http://www.motherld.com

ストレッチをするとき、体の硬い人は無理に伸ばしてはいけません。痛いと思うと体が拒否して逆に硬くなってしまいます。硬い状態からいきなり曲げたり伸ばしたりせず、まず体を振ったりゆらしたりするなどして、ある程度心拍数を上げて体を温めてから行いましょう。そうすると何倍も動きやすくなります。お風呂上がりや、ラジオ体操をした後にストレッチをするのもおすすめです。筋肉は体の柱である骨を支えるサポーターの役割をします。筋肉が柔軟で鍛えられていれば、姿勢が美しくなり、肩こりや腰痛などの不調や、ケガなどの故障も起こりにくくなります。新体操の指導の現場でも、体を柔軟にしたり、ケガを防いだり、姿勢を美しくするためにストレッチは欠かせません。

　体はいくつになっても動かせば柔らかくなっていくので、年だからといって諦める必要はありません。〝健康になりたい〟〝美しくなりたい〟と思ったら、そこからがスタートです。継続すれば、必ず今より健康で美しくなれるから、ラジオ体操とともにストレッチも習慣にすることをおすすめします！

「体をひねる動きをすると一度に多くの筋肉を動かせます。体が硬い人は、まずひねる動きをすると、曲げ伸ばしがしやすくなりますよ」（秋山先生）。

Column

美しく歳を重ねるために大切な２つのこと

〜強さとしなやかさ〜

インナービューティー

スポーツではトレーニングの基本的な考え方に「超回復」や「過負荷の原理」というものがあります。とても簡単に言うと、「少し負荷の強いトレーニングを行うと回復時に前より体が強くなる」ということで、これを「超回復」と言います。私は、この考え方は筋肉だけでなく、生きることすべてに通じるように感じています。

誰でも１年に１歳ずつ歳をとり、肉体は少なからず衰えていきますが、「内面」は年齢とともに磨き、輝かせることができます。

若い頃は、何もかもが初めてなので、心の小さな傷がなかなか癒えないものです。例えば、初めて失恋すれば世界が終わったように感じ、上司に少し叱られると、「もう仕事をやめたい」とさえ思うものです。でも、心にも「過負荷の原理」があるようで、そんな苦い経験を何度も積み重ねるうちに、成熟した大人の「強い心」が身についていきます。若い頃の苦労は買ってでもしろ、と昔の人はよく言ったもので、きっと**成熟した強い大人になるためにはこの「心の超回復」が必要なのだということでしょう**。

また「しなやかな心」を持ち合わせることも大切です。どんどん新しくなる電化製品や、街中で見かける若い人たちの流行……自分の既成概念から外れたものを見ると受け入れられず、つい「必要ない」とか「くだらない」といって頭ごなしに否定や拒絶をしてしまいがちです。でも、**まずは心を開いて相手を理解するしなやかさをいつまでも持っていたいものです**。

強くしなやかな心、そして内側から輝く大人の魅力は、年齢や経験を重ねて初めて手に入れられるものなのかもしれません。

Chapter V

しなやかで美しい体を作る「大人のストレッチ」

この章ではラジオ体操とあわせて行っていただきたい、
リラックス効果の高い「スタティックストレッチ（静的ストレッチ）」を
中心にご紹介します。1つでも、いくつかピックアップして行ってもOKです。
ご自身のペースで取り組んでみてください。

「大人のストレッチ」を行うときのポイント

Point 1

一日のうち、いつ行ってもOK!

基本的にいつ行っても大丈夫ですが、血行がよく筋肉が温まっているときに行うとストレッチの効果がより高まります。お風呂上がりが最もおすすめです。またラジオ体操の後に行ってもよいでしょう。

Point 2

「息を吐きながら伸ばす」とよく伸びる

ストレッチの間、呼吸は止めません。血行の促進や副交感神経の働きを高めるためにも呼吸はゆっくり止めずに行います。伸ばすときに息を吐くと、脱力してより伸びやすくなります。

Point 3

笑いながら「イタ〜イ!」がいい強さ

痛みで息が止まるほど強く伸ばすのは×。笑ってイタ気持ちいい！
と思えるくらいがちょうどよい伸び加減です。

Point 4

1ヵ所の目安は10〜20秒程度

筋肉はあまり長時間伸ばし続けると伸びすぎて痛みが出たり、筋力を発揮できないなどの原因となりむしろ逆効果。1ヵ所30秒以内で。

Point 5

一日1つでも全部でもOK!
症状別にピックアップして行ってもよいでしょう

冷え性の人は　1　2　14

体の硬い人は　6　7　8　11　17　18

肩こりの人は　9　10　11　12　13　14

姿勢を直したい人は　→P87の「残念姿勢別おすすめストレッチ」でさらに詳しく!

足のストレッチ

足指を動かす筋肉が衰えたり、足首が硬くなると、血行が悪くなり冷えやむくみの原因に。このストレッチでほぐして予防を。外反母趾も防げます。

1

足指を動かして血巡りUP

足指じゃんけん

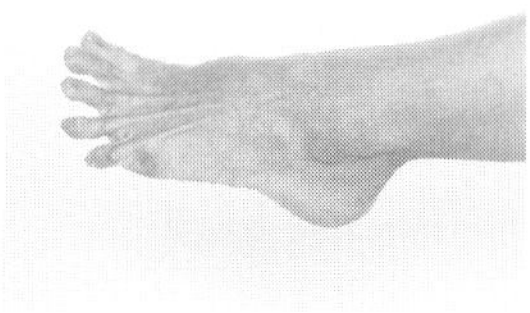

パー

足の指を全部開いて、パーの形を作る。全部の指がなるべく離れるように大きく開くこと。グー・チョキ・パーを一連の動作として5回行う。両足同時でも､片足ずつでもOK。

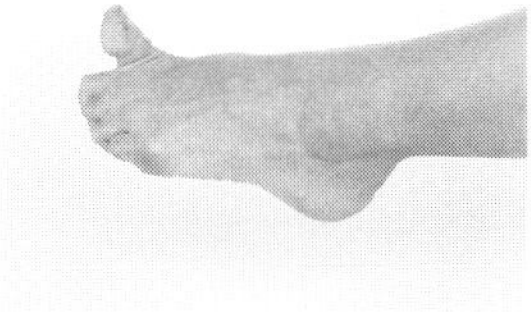

チョキ

足の親指と、他の指をできるだけ離して、親指以外の指をギュッと丸く縮めて、チョキの形を作る。

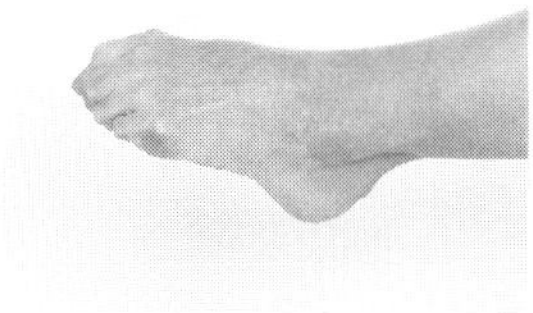

グー

足の指を全部丸く縮めて、グーの形にする。できるだけギュッと力を入れて縮めて。

2

こり固まった足首を柔軟に

足首回し

両脚を伸ばして床に座り、右足を左太もも上に乗せる。左手の指を、右足の指の間に入れて握って上下に動かしたら、足首をくるくると回す｡外回し､内回しとも5回ずつ行う。左足も同様に。

脚（後面）のストレッチ DVD

ふくらはぎの腓腹筋やヒラメ筋が硬いと、血行が滞ってむくみを招きます。よく伸ばして血行を促進。裏もものハムストリングスを伸ばすと垂れ尻予防に。

3 腓腹筋を伸ばして血行促進 ふくらはぎストレッチ1

背筋を伸ばして立ち、脚を前後に大きく開く。前脚のひざを曲げて太ももに両手をのせ、前に体重をかける。両足ともかかとは浮かないようにし、前足のかかとはしっかり床に押しつけて呼吸を止めずにキープ。

4 硬くなったヒラメ筋を伸ばす ふくらはぎストレッチ2

前脚のひざを伸ばして③の最初の姿勢に戻ったら、後ろ脚のひざを曲げて、かかとをしっかりと床につけてキープ。

5 裏ももを伸ばし垂れ尻改善 ハムストリングスストレッチ

次に、前脚のひざを伸ばしてつま先を上げ、背筋を伸ばしたままあごは軽く前に出し、体が「く」の字になるようにお尻を引いてキープ。脚を入れ替えて同様に。左右各1回。

この③～④を脚を入れ替えて同様に行う。左右各1回。

脚（前面）のストレッチ

前ももの大腿四頭筋、内ももの内転筋、お腹の奥と太ももを結ぶ腸腰筋は骨盤を支える筋肉。硬くなると骨盤が歪み姿勢がくずれるから常に柔軟に。

6

大腿四頭筋と股関節を伸ばし美脚に

前ももストレッチ

背筋を伸ばして両脚をそろえて立ち、片脚を後ろに曲げ、両手で足先を持って片脚立ちになってキープ。ぐらつく人は、椅子や壁に手を添えて体を支えて行ってもOK。これを左右各1回。

NG

股関節が曲がっていると、しっかり伸ばせない。

7

股割りで内転筋を柔軟に

内転筋ストレッチ

力士がしこを踏むように、両脚を大きく開いてひざを曲げて、手をひざのあたりに置く。左の肩を内側に入れて上体を右にひねりキープ。このとき左の股関節が閉じないよう、左手で太ももを外側に押して。反対側も同様に行う。左右各1回。

8

股関節を前後に動きやすい状態に

腸腰筋ストレッチ

前脚のひざを直角に曲げ、後ろ脚は伸ばして、腰を落とす。後ろ脚の太もも前側の筋肉が伸びるのを意識してキープ。脚を入れ替えて同様に。左右各1～2回。

肩まわりのストレッチ

普段、猫背気味だと肩甲骨を寄せる力が衰えて背中が丸く広がり、老けた印象に。また、肩こりも発生。ストレッチで猫背を正せば肩こりが改善し、美背中にも。

9 猫背を正して美背中に 大胸筋ストレッチ

❶ 背筋を伸ばして立ち、頭の後ろで両手を組み、息を吸いながら左右のひじを真横に開く。このとき左右の肩甲骨が中央にギュッと寄るのを意識。

❷ ゆっくりと息を吐きながら、左右のひじを閉じる。このひじの開き閉じをゆっくりと5回程度繰り返す。

10 肩をほぐしてこりを解消! 肩甲骨回し

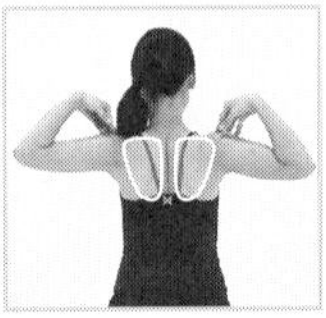

❶ 背筋を伸ばして立ち、指先を肩に添えたら、後ろ方向に腕を回す。これを5回程度。

❷ 次に、前方向に腕を回す。これを5回程度。

11 硬く張りついた肩甲骨を柔軟に
肩甲骨の開き閉じ

❶背筋を伸ばして立ち、両手を腰にあてる。

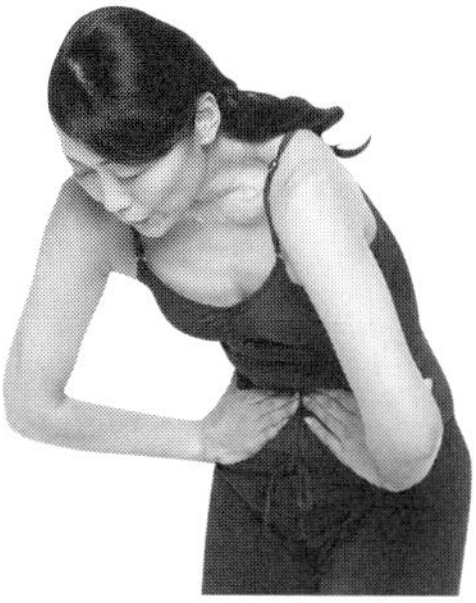

❷息をゆっくりと吐きながら、上体を前に倒して背中を丸める。左右の肩甲骨が開くのを意識して。

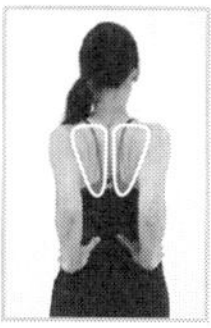

❸息を吸いながら上体を起こして①の姿勢に戻り、息をゆっくり吐きながら、胸を開いて上体を反らす。このとき左右の肩甲骨をギュッと中央に寄せる。この❶〜❸を5回程度繰り返す。

12 肩や腕を正しい位置にリセット
腕の開き閉じストレッチ

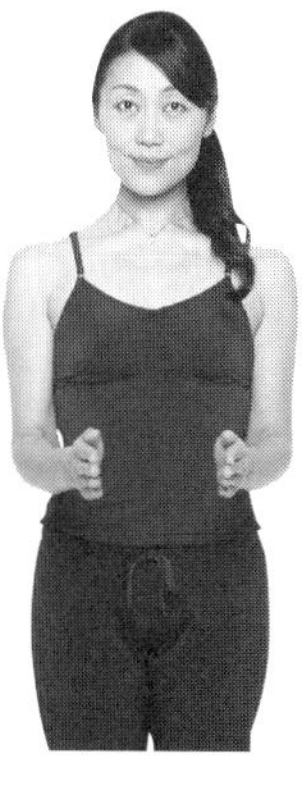

❶背筋を伸ばして立ち、息を吸いながらひじを直角に曲げて、両腕を前に出し、手の平は内側に向ける。このとき、ひじは体にぴったりとつけること。

❷ひじを体につけたまま、息を吐きながら手を左右に開く。このとき、左右の肩甲骨が中央にギュッと寄るのを意識。❶〜❷の開き閉じを5回程度行う。

首のストレッチ

DVD

重い頭を支える首は負担がかかりやすい部分。前傾姿勢が続くとさらに負担がかかり、首こりも生じます。このストレッチで首の血行を促し、こりを防止。

13

縮んだ首を伸ばして首こり改善

首のストレッチ

背筋を伸ばして立ち、左の手の平を頭の右側にあてて、頭を左側に真横に倒す。心地よく伸びたところでキープ。反対側も同様に。左右各１回。

手・腕のストレッチ

DVD

手や腕の血行が悪いとしびれや冷えを招きます。このストレッチは、手指や手首、腕を柔軟にして血行を促します。腕の疲れが改善し、腱鞘炎予防にも。

14

末端の血行をよくして冷え改善

手首&指ほぐし

❶ 両手の指を組んで、手首をぐるぐると回す。手首がよくほぐれるまで行う。

❷ 両手を胸の前で握って、グーにする。

❸ 両手を開いて、パーにする。この❷～❸を３回繰り返す。

15

パソコンで疲れた腕をほぐす

腕のストレッチ1

❶ あぐらをかいて座り、片方の腕を前に伸ばし、手の平を下に向けて、反対側の手で指先を持って、指を手前に引いてキープ。腕の外側が伸びるのを意識して。

❷ 前に伸ばした手の平を正面に向ける。反対側の手で指先を持って、指を手前に倒してキープ。腕の内側が伸びるのを意識して。❶～❷を左右各1回。反対側の腕も同様に。

16

大胸筋と上腕二頭筋を
伸ばして肩痛緩和

腕のストレッチ2

床に座り、両腕は肩幅に開いて後ろに伸ばし、手の平を床につけてキープ。力こぶの筋肉＝上腕二頭筋と胸の前の筋肉＝大胸筋を伸ばすように、肩の付け根からひじまでをゆっくり伸ばす。

体幹のストレッチ

わき腹の腹斜筋など体幹の筋肉が縮んでいると、くびれがなくなり、お腹もぽっこり出てしまいます。体幹を伸ばせば引き締まったボディラインが実現。

17 腹斜筋を伸ばしてくびれを作る わき腹ストレッチ

❶背筋を伸ばして立ち、右脚を前に出し、左脚とクロスさせる。そのまま右腕をまっすぐ上に伸ばす。

❷左手で右の腰を押さえて、息を吐きながら右腕を耳の横に添わせ、右わき腹を伸ばす。左右の脚を組み替えて反対側も同様に。左右各１回。

18 腹斜筋と臀部外旋筋を刺激する ウエスト引き締め&臀部のストレッチ

❶仰向けに寝て、左ひざを立てる。両腕は左右にまっすぐに伸ばす。

❷右手を左ひざの外側にあてて、そのままひざを右側に倒してキープ。左腕はまっすぐ横に伸ばしたままで、顔は左に向けて。反対側も同様に。左右各１回。

残念姿勢別 おすすめストレッチ

スタイルを悪く見せてしまう残念な姿勢で、日本人に多いのが以下の２つのタイプ。
思い当たる人は、タイプに合ったストレッチを実践して、姿勢を改善！

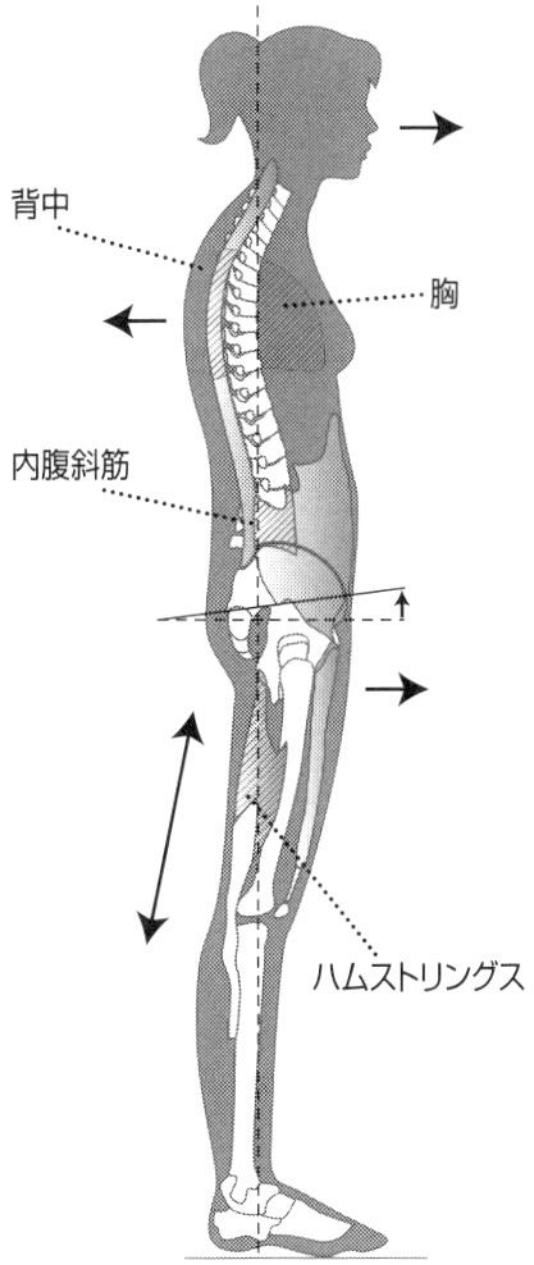

垂れ尻猫背型

どんなタイプ

骨盤を前に突き出したり、ひざ下だけを使って歩く習慣などがあると、お尻を下から支えるハムストリングスが硬くなり衰えます。すると、骨盤が後ろに傾くため、背中が丸まった猫背姿勢になり、首は前に出てしまいます。お尻も垂れてしまい、老けた印象に。

ストレッチすべき筋肉は?

ハムストリングス→ 5

内腹斜筋→ 17 18

背中・胸→ 9 11 12

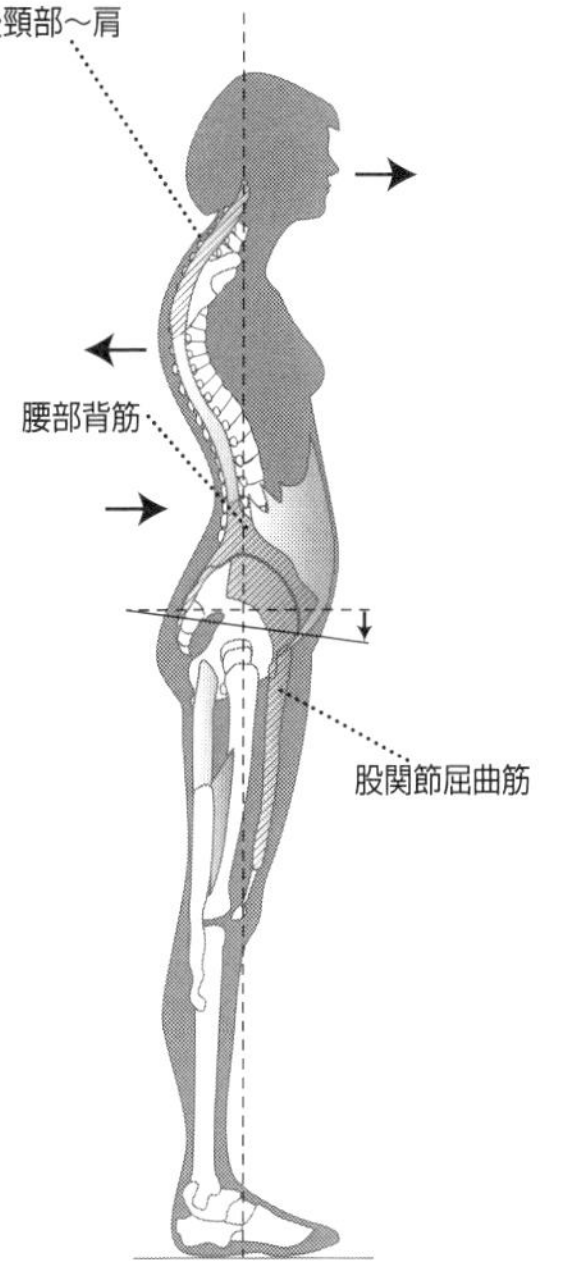

でっ尻猫背型

どんなタイプ

運動不足や加齢などによって腹筋が衰えると、腹圧が抜けて骨盤をしっかり立てられなくなり骨盤が前に傾きます。そのためでっ尻になって、腰は反り気味になり、肩甲骨が開いて肩が前のめりに。首は前に出て、お腹もぽっこり飛び出してしまいます。

ストレッチすべき筋肉は?

後頸部～肩→ 9 10 11 13

股関節屈曲筋→ 8

腰部背筋→ 18

疲れにくい体を作る

〝大人の睡眠術〟

睡眠と回復力の関係

「疲れ」とは何でしょう？　もし単に体の中のエネルギーが使われてしまってエネルギー不足になっているだけなら、食事をとれば回復するはずです。しかしなぜかそれだけではとれないのが「疲れ」です。

１９９８年に厚生労働省の行った調査では、なんと日本人の約60％が疲れを感じていて、そのうちの37％が半年以上も慢性の疲れを感じていることが明らかになっています。疲れをとるにはもちろん栄養補給も大切ですが、疲労回復の鍵は「脳」と「体」のリラックスにあります。そのために欠かせないのが「質のよい睡眠」です。多くの人が睡眠は「脳が疲れて電池切れのように活動停止している状態」と誤解しがちですが、人間をはじめとする高度に脳の発達した動物では、脳が「脳自身」を休息させるために命令をだして睡眠を積極的に行います。脳が休むことでその支配下にある末梢の組織や器官が影響を受けて休むことができるのです。つまり脳の機能が正常でないとよい睡眠が得られないということです。高齢者の中には寝付けない、目が覚めてしまうなどの睡眠障害がみられることがありますが、脳の機能が低下していることが原因の一つと言われています。

生体リズムと睡眠サイクル

生まれたばかりの赤ちゃんは、昼夜の区別なく寝たり起きたりを繰り返しますが、人間は成長とともに夜の一定の時間帯に睡眠をとるようになります。体内時計システムが体温や血圧、ホルモンなどを巧みに調節して24時間で周期的に体を回復させるようになるのです。さらに睡眠の中にもサイクルがあります。睡眠には2種類あり「ぐっすり眠る」深いノンレム睡眠と、覚醒に近く「夢をみる」ときの浅いレム睡眠というものがあります。健康な成人ではこの2種類の眠りが約1・5時間の単位を作って睡眠サイクルを構成しています。寝入りばなの3時間に最も深いノンレム睡眠状態になり、熟睡の眠りにつきます。この時間がポイントです。その後1・5時間ごとに目覚めやすい状態になります。最初の熟睡の時間に同調するように成長ホルモンが分泌され、体の回復を促していきます。この最初の睡眠の深さはその前の睡眠不足が反映されるといわれ、睡眠不足の後はより深い眠りとなります。

睡眠サイクルと成長ホルモン分泌

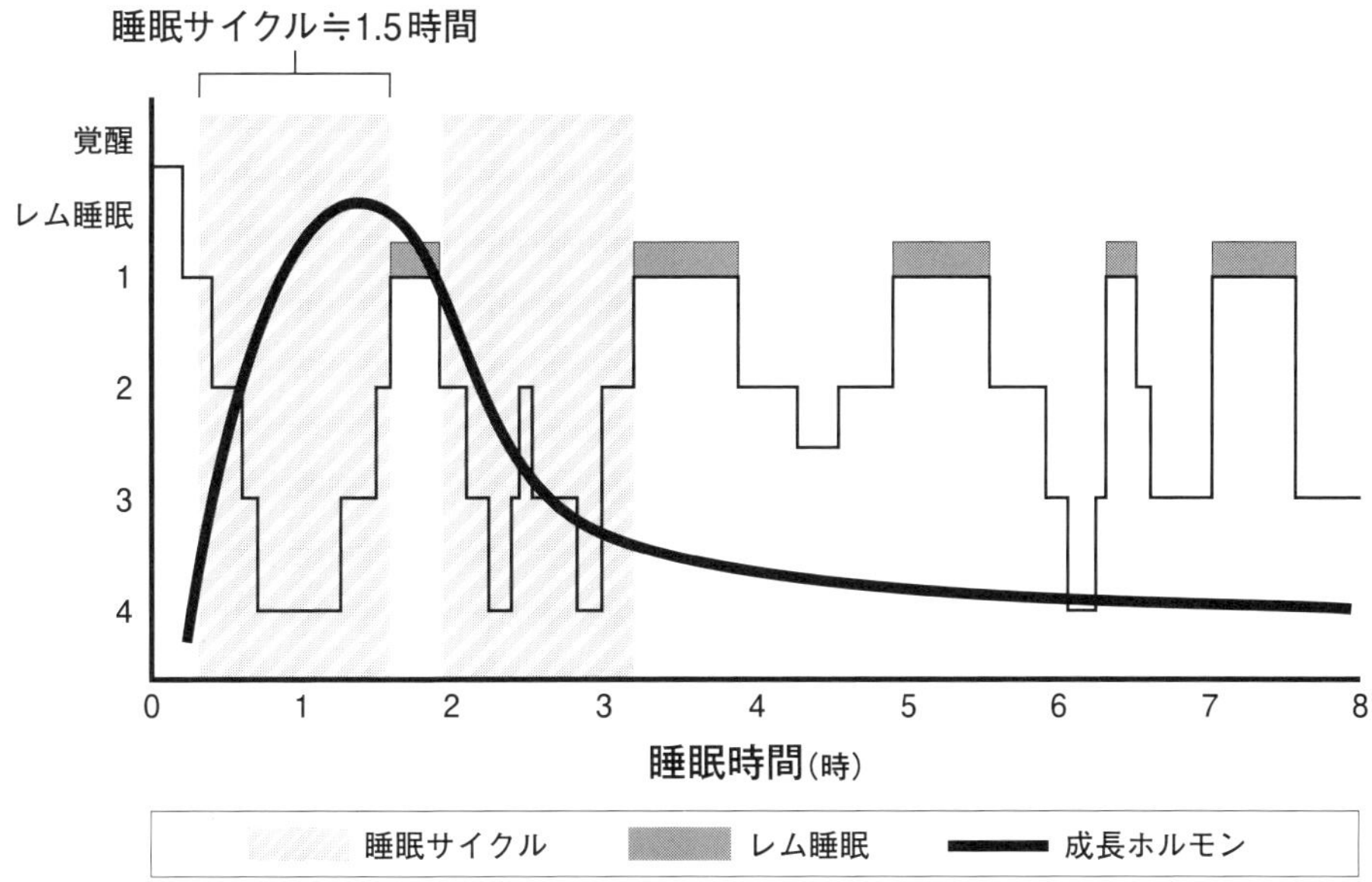

また、人間の体温と眠りには深い関係があり、睡眠に伴って体温も変化します。体温が下がると眠気を感じるシステムが備わっていて、脳は、睡眠前には皮膚から熱を放散させ、体の内部の温度を下げて眠れるようにしています。この熱放散をいかにうまくできるかが眠りの質とも関係してくるという訳です。

体温と睡眠のメカニズム

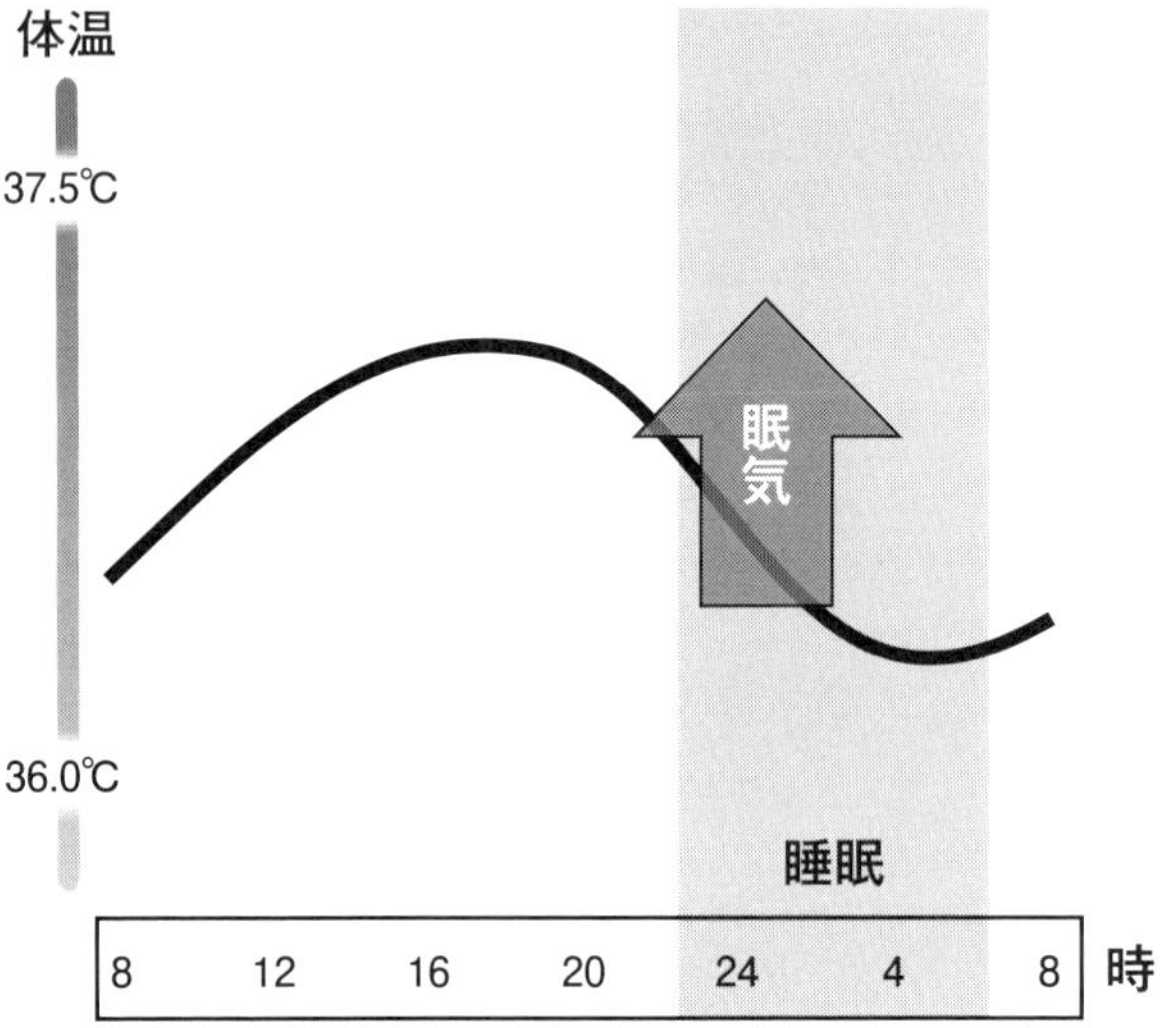

体温
37.5℃
36.0℃
眠気
睡眠
8
12
16
20
24
4
8
時

規則正しい生活と質の高い睡眠が健康への近道

一日のリズムが不規則になったり、睡眠不足になったりすると、どんなことが起きる可能性があるのでしょうか？ 慢性的に不規則な生活では、胃腸障害や糖尿病・高血圧・虚血性心疾患などにとどまらず、乳がんや前立腺がんなどの悪性腫瘍を発症する可能性が高くなるという報告があります。また睡眠不足では仕事やスポーツの精度が落ちる、成績が落ちる、などのほか、肥満になりやすい、というあまり嬉しくない報告もあります。そうはいっても電灯の発明以来、昼夜を問わず活動できるようになったため、仕事が交代勤務だったり、残業などでどうしても不規則になってしまう場合が多いのが現代人の実情です。そんな場合は、一日の中で定期的に運動をしたり、バランスのよい食事を規則正しくとることで体内リズムの乱れを最小限に抑えることができます。

睡眠力アップ法

1 上手に入浴して質の高い睡眠を手に入れる

寝る前にお風呂に入ると体温が上がってしまい、眠れなくなるのでは？　と考える方が多いのではないかと思いますが、温浴効果で血管が広がり血行のよくなった状態は熱放散のしやすい状態といえます。一度上がった体温が緩やかに下がり始めたら眠りにつくのが理想的です。

適切な入浴時間と温度

心臓から押し出された血液は約１分で体を１周して戻ってきます。15分間入浴して、15回転程度循環すると、末梢までしっかりと温まります。熱いと思う温度でがんばりすぎると心臓や肺に負担がかかるので、がんばり過ぎは禁物。適温の目安はおでこにじわっと汗をかく程度です。また入浴中は汗をかきますので、お風呂上がりには水分補給を忘れずに！

2 入浴後のストレッチでさらに疲労回復・冷え性解消

入浴で血行が促進されて筋肉や腱が温まったタイミングで静的ストレッチを行うと、さらに筋肉内の血行が改善しリラックス効果が高まり疲労回復に効果的です。

また、日本女性の２人に１人が「冷え性である」というデータがあります。筋肉量によって熱代謝は異なりますが、一般的に女性は男性の６割程度の筋肉量しかなく皮下脂肪が多いため代謝が悪く冷えてしまいがちです。体の温度が下がりすぎると自律神経が安定せず、よい眠りが得られません。冷え性の人こそしっかりと入浴し、その後ストレッチを行うのがおすすめです。

〈参考文献〉石川泰弘著『お風呂の達人 バスクリン社員が教える究極の入浴術』草思社　平成23年発行

知ればもっと楽しめる♪

ラジオ体操の歴史

ヒストリー① 1923年

アメリカの生命保険会社がきっかけでラジオ体操が誕生した!

1923年、当時の逓信省簡易保険局（現在のかんぽ生命）の幹部がアメリカの保険事業を視察するために渡米し、生命保険会社を訪問。そこでラジオ放送による健康体操が計画されていることを知り、日本での放送開始を提唱したことがきっかけでラジオ体操が誕生しました。

ヒストリー② 1930年

「ラジオ体操の会」発祥の地は、東京神田和泉町だった!

1928年11月１日の朝７時にラジオ体操が初めて放送されました。そして、その２年後の1930年７月に、神田万世橋署の面高巡査が、東京神田和泉町で最初のラジオ体操の会（子どもの早起き大会）を開催。その後、全国に普及しました。

ヒストリー③ 1970年

大阪万博で各国から注目され、世界中に広まった!

1970年８月の大阪府万国博覧会内広場で、「第９回1000万人ラジオ体操祭中央大会」が開催され、その様子を見た各国の人々からラジオ体操連盟に問い合わせが殺到！　その後、旧ソビエト、アメリカ、ブラジル、中国、オーストラリアなどへ、ラジオ体操連盟の会員たちが訪問し、現地で公開実演を行いました。現在でも世界各国でラジオ体操が愛され続けています。

出席カードアーカイブ

初代と言われている出席カード

２つに折りたたむ形式で、中面には「ラジオ体操の歌」の歌詞が書かれている。

地方ごとに工夫をこらしたカード

北陸地方

かわいいスイカのカード。中面には、夏休みに実行した「小さな親切」を記録する欄が。

九州地方

表にはマンボウのイラスト、中面には、海の生き物と遊ぶ子どもたちが描かれている。

中国地方

シドニーオリンピック開催の年のカード。コアラが水泳、幅跳び、ハードルなどのさまざまな競技にチャレンジしているイラストが描かれている。

※2007年以降は全国共通のデザインに統一されました。

2013年のカードはコレ!

2013年6月21日以降、全国のかんぽ生命の支店または郵便局で配布予定。

かんぽ生命のホームページで、ラジオ体操に関するさまざまな情報をチェックしよう!

かんぽ生命　ラジオ体操　検索

おわりに

ラジオ体操をきっかけに体操に興味を持ち、日本の近現代の体育教育の歴史を紐解いていくうちに、多くの発見がありました。明治から昭和初期にかけての日本には、国民の健康に高い志を持ち、指導に粉骨砕身した多くの先人たちがいたことや、その志が集約されてラジオ体操という結晶となり受け継がれたということを知りました。私が生まれるずっと昔の話です。しかし時代が変わり、生活様式や、平均寿命などが大きく変わったとしても、今の時代のニーズに即した取り入れ方を工夫することで、多くの人が当初と変わらずラジオ体操のすばらしい効果を享受できると信じています。

心と体の健康を保つ体操やストレッチは、まるで歯磨きのようなもので「学生時代にはやったけれど、その後は一切していない」というように一時的なことでは全く意味がありません。しかし大人になってから誰かに強制されて「いやいや続ける」のもかえって気持ちが疲れてしまいます。この本を手に取ってくださった方々には、自分の健康や美容に役立てるという目的意識を持ちつつも、ぜひ、気負わず楽しく、長く続けていただければ、と思います。最後に本書の製作にあたりご協力いただいた青山敏彦先生、秋山エリカ先生、株式会社かんぽ生命保険、ＮＰＯ法人全国ラジオ体操連盟、東京女子体育大学をはじめとする多くの方々に深謝いたします。

中村　格子

２０１３年６月

制作協力／株式会社かんぽ生命保険
NPO法人全国ラジオ体操連盟
東京女子体育大学
秋山エリカ

DVD出演／中村格子
今谷世里　進藤みのり（東京女子体育大学）

【書籍制作スタッフ】

撮影／伊藤泰寛　林 桂多　武藤 誠
ヘア&メイク／木村三喜
イラスト／須藤裕子
編集協力／和田美穂

【DVD制作スタッフ】

撮影／江頭 徹　山口隆司　杉山和行
森 京子　久保紫苑
撮影アシスタント／松井雄希　金 栄珠　野村雄治
映像編集・録音／森 京子　久保紫苑
音楽／星野苗緒

衣装協力／チャコット

DVD出演

今谷世里

進藤みのり

著者

中村格子

(なかむら・かくこ)

整形外科医、医学博士、スポーツドクター。Dr.KAKUKOスポーツクリニック院長。横浜市立大学客員教授。

1966年生まれ。横浜市立大学医学部・大学院卒業。長年の臨床整形外科医としての経験と、国立スポーツ科学センター勤務を経て、2014年４月東京代官山にクリニックをオープン。「健康であることは美しい」をモットーに、抜群のプロポーションで行うわかりやすいエクササイズ指導が人気。テレビ・雑誌などで幅広く活躍。著書に『女医が教えるマジカルエクササイズ』(すばる舎リンケージ)、『ＤＶＤ付き　実はスゴイ！　大人のラジオ体操』『整形外科医がずっと教えたかった　医者いらずの体の整え方』(以上、講談社)などがある。2級ラジオ体操指導士。

ホームページ　http://www.dr-kakuko.com

講談社の実用BOOK

DVD付《つ》き　もっとスゴイ!

大人《おとな》のラジオ体操《たいそう》 決定版《けっていばん》

2013年６月４日　第1刷発行
2015年１月９日　第11刷発行

著者　中村格子《なかむらかくこ》

発行者 鈴木 哲

発行所 株式会社 講談社

〒112-8001　東京都文京区音羽2-12-21
編集部　☎03-5395-3529
販売部　☎03-5395-3625
業務部　☎03-5395-3615

装丁　西村真紀子(albireo)

本文デザイン 中川まり(SINN graphic)

印刷所 大日本印刷株式会社

製本所 大口製本印刷株式会社

JASRAC V-1301975DN

ISBN978-4-06-299787-4